Juan Ignacio Iglesias

LA MEDITACIÓN DECONSTRUIDA

© Juan Ignacio Iglesias Rodríguez, 2006
© de la presente edición:
2007 by Editorial Kairós, S.A.

Editorial Kairós S.A.
Numancia 117-121, 08029 Barcelona, España
www.editorialkairos.com

Nirvana Libros S.A. de C.V.
3ª Cerrada de Minas 501-8, CP 01280 México, D.F.
www.nirvanalibros.com.mx

Primera edición: Noviembre 2007
ISBN: 978-84-7245-650-1
Depósito legal: B-51.320/2007

Fotocomposición: Pacmer, S.A. Alcolea, 106-108, bajos. 08014 Barcelona
Impresión y encuadernación: Índice. Fluvià, 81-87. 08019 Barcelona

SUMARIO

INTRODUCCIÓN

La meditación no es lo que parece, pero ha de intentar ser lo que parece para poder ser lo que en realidad es. Lo que es realmente la meditación, sin embargo, no puede decirse. Puede, de algún modo, realizarse, si bien también podemos decir que, en realidad, sin ninguna intención, plan o sistema diseñado por nosotros, se está realizando continuamente. No obstante, para que esa realización se culmine (o vale decir: para que seamos al fin conscientes de ella), es preciso que nos ejercitemos en eso que se llama meditar, y más aún, que, al meditar, estemos no-meditando y así, de ese modo, podamos por fin ser conscientes de la meditación.

Pido disculpas: por este aparente embrollo lingüístico, por alambicar quizás innecesariamente una cuestión que es, en su verdadera y esencial realidad, la sencillez misma, y por demandar con ello del lector, acaso, un esfuerzo que está muy lejos, en la antípodas, de la actitud mental que caracteriza eso que llamamos meditación.

Este libro es –va a ser– laboriosamente simple, oscuramente diáfano. En realidad, y parafraseando a Wittgenstein, este libro pretende deshacer un embrollo, y para poder hacerlo, su discurso debe tomar, aunque sea momentáneamente y en pura apariencia, la forma de ese embrollo y, por lo tanto, parecer embrollado. Pero, al mostrar la forma de ese embrollo, de ese nudo –con el fin de poder así más fácilmente deshacerlo–, este libro será diáfano, clarísimo, sencillísimo. ¡Hasta el nudo más complejo e indescifrable está hecho solamente de cuerda!

¿Y cuál es el embrollo fenomenal que este libro pretende desembrollar? Lo que esta obra pretende deshacer es, ni más ni menos, que –y una vez más debo pedir disculpas por una osadía que, espero, resulte a fin de cuentas perfectamente justificada– *la mente ordinaria del lector*, de los lectores, que es en realidad la mente ordinaria del autor, *la mente ordinaria del ser humano*. Y, para caracterizar eso, "la mente ordinaria" (expresión que no encierra ningún sentido despectivo) de un modo sencillo y elocuente, dirémoslo así: la mente ordinaria es la mente que sufre,[1] *la mente que estructuralmente desea*.

Y he aquí, de nuevo, una expresión que exige ser explicada. "La mente que estructuralmente desea." Es preciso advertir que no hablamos tan sólo del deseo en su acepción sexual, ni, por supuesto, nos situamos en algún tipo de perspectiva admonitoria o moralizante al hablar del deseo. Me gustaría, simplemente, vincular de un modo tajante los términos "sufrimiento" y "deseo", puesto que es en este vínculo donde pretendemos situar nuestro discurso. La mente insatisfecha, la mente que sufre, *es* la mente que desea. Voy a proponer una serie de breves fórmulas descriptivas acerca del deseo que nos servirán como punto de partida: el deseo es el principal motor motivacional de la conducta humana. El deseo es, pues, dinámico, o dicho de otro modo, inquieta a la mente y la incita a actuar. El deseo es una suerte de *representación* de lo real, pero para entender su carácter motivacional hay que añadir: es

---

1. Remito, en este punto, al lector, a la lectura de las Cuatro Nobles Verdades del Buda, en concreto a la primera, según la cual el sufrimiento es algo inherente a la vida. Es a esa acepción del término "sufrimiento" a la que me refiero, lo cual incluye, naturalmente, el sufrimiento inherente a la enfermedad y al dolor físico, a la muerte y a la pérdida, y también (y esto es mucho más importante) al "zumbido de fondo" de frustración, ansiedad, búsqueda insatisfecha y soledad que invade nuestras vidas.

una representación *en negativo,* es decir, que pone el acento en lo que no hay pero debería haber, en las carencias, en lo que nos falta. Desear es, pues, sentirse insatisfecho por una parte, y albergar, por otra, la esperanza de que el logro futuro sacie (definitivamente o no) nuestro apetito (sea éste natural o no, es decir, incitado artificialmente). La mente ordinaria es, pues, la mente invadida por el deseo, la mente cuya estructura íntima, cuyo dinamismo intrínseco es la persecución de logros, de objetivos, de metas y que, por ende, se haya condenada a un estado de *insatisfacción permanente.*

He aquí una caracterización dinámica de la mente que, espero, sirva para entender a qué me refiero con la expresión "mente ordinaria". Pues bien: es esa mente "ordinaria" la que este libro espera desembrollar, la que la meditación trata de desembrollar. Claro que no va a ser este libro lo que libre al lector de su insatisfacción. ¡Ningún libro podría! Como mucho, lo que este libro va a hacer es mostrarle la forma de su embrollo o, mejor dicho, mostrarle –otra vez Wittgenstein– a la mosca la salida del mosquitero. Pero si para Wittgenstein es la filosofía la que muestra a la mosca el camino de su liberación –de los embrollos lingüísticos en los que se encuentra prisionera–, para mí es la meditación la que muestra a la mosca –a nosotros– la salida de los embrollos del deseo, lo que es tanto como decir de su infelicidad.

No obstante, la naturaleza del embrollo en el que se halla el ser humano es tal que, incluso la meditación, que es salida, liberación del nudo, puede transformarse –se transforma de hecho continuamente– en la misma trampa, en parte del mismo mosquitero. En realidad, y dada la naturaleza de la confusión humana, no podría ser de otro modo. Lo cual es, según como se mire, una suerte y una terrible desgracia. Pero aquí y ahora, para nosotros, es una verdadera suerte: eso nos va a permitir entender las causas de nuestra infelicidad de un modo tan radical y nuevo que, por sí solo, dicho entendimiento *podría* ser liberador.

Pero para hablar de meditación –para hablar correctamente, a mi juicio, de meditación–, es preciso deconstruir[2] la meditación. Esto es, en realidad –aunque no se perciba claramente en un principio–, una perogrullada. ¡La meditación es, en esencia, un proceso de autodeconstrucción! No obstante, esto a veces no se ve claro: por eso es necesario, o útil, o quizás tan sólo no contraproducente, un libro como éste, un libro que trate de la meditación deconstruida, o de cómo es que se deconstruye la meditación y, con ella, a través de ella, cómo deconstruimos nuestro sufrir, pues nuestro sufrir es una construcción, un resultado de algo, un esfuerzo en el fondo inútil que revelará su inutilidad recreándola en otro esfuerzo inútil, en el esfuerzo inútil por excelencia que es la meditación, y que a su vez encarna toda la bella inutilidad que es nuestra vida.

Permítame el lector, en este punto, solicitar de nuevo su benevolencia: no estoy tratando, aunque lo parezca, de resultar innecesariamente farragoso o enrevesado. Quizás sería preciso aclarar, desde el principio, algo que más adelante se mostrará con generosa claridad: la meditación es un proceso especialmente pródigo en situaciones paradójicas. Pero ello no se debe a que la meditación sea, en sí, una actividad paradójica, sino a algo a lo que ya aludimos antes: la meditación mostrará –a quien se entregue a su práctica con la seriedad y dedicación necesarias– su propio embrollo, y es éste el que es esencialmente paradójico. De ahí que, al asumir *la forma y apariencia*

---

2.   Tomo prestado el término, como es bien sabido, del filósofo francés J. Derrida. Considérelo el lector como sinónimo de "desmantelamiento", en el sentido de mostrar el modo en que algo está construido y, con ello, de desactivar los supuestos que otorgan a ese algo apariencia de realidad inamovible, de sustancialidad, de ser. Supuestos que, en este contexto, aluden a lo que, en sentido práctico, llamaremos "la infelicidad del lector".

de nuestra confusión, la meditación devenga *en apariencia* paradójica. En consecuencia, la meditación es, también en apariencia, una construcción más de nuestra ignorancia y confusión. Por eso decía antes que la meditación *es* también parte del mosquitero. Sin embargo, es una parte *especial* del mosquitero. Es una parte *distinta* del mosquitero, poseedora de una peculiaridad única: es la única parte del mosquitero capaz de revelarnos su urdimbre, su trampa y, con ello, de mostrarnos la salida. ¿Y por qué razón? (En este punto, voy a adelantar al lector una explicación de carácter provisional, no tanto porque sea incompleta, sino porque, para apreciar claramente su veracidad es preciso hacerlo desde la práctica de la meditación. Por ese motivo, confío en que más adelante podrá *verse* con claridad lo que ahora no es más que un mero enunciado teórico.) La razón es la siguiente: la meditación exige que prestemos atención a la consciencia, a nuestra consciencia (más adelante caracterizaremos este término con más precisión), y la trampa, el mosquitero de la infelicidad humana es, básicamente, una ilusión de la consciencia. De ahí que la meditación sea una actividad capaz de romper el hechizo. Dicho de un modo más filosófico: la meditación es la última forma de la ignorancia, la ignorancia a punto de disolverse, la última encrucijada de nuestro error ontológico, de nuestra alienación.

No obstante, y para terminar ya con este aparente pero necesario galimatías, es preciso efectuar unas cuantas precisiones más. La primera y más importante: es preciso partir de la meditación tal y como nos es dada, es decir, de la meditación "construida" –si se me permite la expresión–, en la que seguramente el lector, como el mismo autor de este libro, está empeñando todos sus esfuerzos. ¡No escatime el lector ninguno de ellos! Al hablar de la meditación "construida" me refiero, naturalmente, a la meditación como ejercicio que se ciñe a una serie de instrucciones básicas.

En segundo lugar, hay que hablar de las instrucciones propiamente dichas. Hay, en el mercado de lo espiritual, muchas y muy buenas ofertas para aprender a meditar.[3] Acuda el lector a cualquiera de estas ofertas que se acomode a su gusto y a sus posibilidades reales. Nada de lo que va a leer aquí va a contradecir a ningún buen libro sobre meditación, a ninguna tradición. Nada, tampoco, de lo que lea va a proponerle práctica alguna distinta o mejor de la que propongan dichos libros o maestros. Es más: para que este libro tenga pleno sentido para el lector sólo exige, a cambio, una condición: que el lector esté personalmente involucrado en la práctica de cualquier tipo de meditación.

Lo que en definitiva pretendo es situar al lector un paso más allá de las etiquetas (por muy respetables y serias que éstas sean), mas no tan lejos como para ignorar la relevancia de cada tradición cultural concreta y el peso –siempre relativo, pero también oportuno– de cada una de ellas. Una tradición tiene valor, a mi juicio, si se configura como continuidad transmisora en el tiempo de una energía creadora, transformadora de la consciencia. Es decir, como una especie de "cableado histórico-espiritual" a cuyo terminal "presente" sea posible conectarse con el fin de saborear vivencialmente su impulso originario, ya sea en la forma de un maestro competente de meditación, de unos textos e instrucciones comprensibles y ejecutables o de una comunidad de practicantes que sea testimonio vivo de la relevancia y los resultados tangibles de dicha práctica.

Pero el deseo de situarme "un paso más allá" de las tradiciones –lo cual no me impedirá referirme a aquella o aquellas que me sean más afines– no obedece a ningún afán de eludir

---

3.   Me permito remitir al lector al apédice I, titulado «Buda en la librería», en el que encontrará bibliografía detallada y razonada acerca del tema.

los compromisos que a veces éstas exigen, sino a la necesidad de rendir cuentas teóricas de lo que en la práctica se revela generosamente: las experiencias, las vivencias, las realizaciones que se producen en la práctica meditativa sacan a la luz el paisaje común de la consciencia, la matriz de toda experiencia mental, que está más allá de cualquier etiqueta y concepto y que es una y común desde cualquier punto de vista. Es precisamente el deseo de ubicarme en la experiencia concreta lo que me obliga a trascender una tradición, cualquier tradición, porque la experiencia de la meditación –concreta, personal, intransferible– es, paradójicamente, lo menos personal, concreto e intransferible que existe.

No es, pues, de ninguna teoría o tradición concreta de lo que vamos a hablar, sino de la meditación tal y como es vivida por el lector, que es la misma –la misma– que ha vivido –que vive– el autor, la que viven y han vivido millones de personas en el mundo a lo largo de la historia. Pues aquí, como descubrirá el lector, no hay mío ni tuyo, ni intimidad posible, ni "yo" que medita, pues cuanto más íntima y mía sea la meditación, más es de otros, más es común, impersonal, universal, más me saca de lo que creo ser y me devuelve al ser que soy, que somos todos...

TESIS

Un poco a modo de resumen, destinado a condensar en la mente del lector lo que considero *esencial* para abordar la lectura del resto de este libro (sin que la confusión de una introducción quizás demasiado farragosa, aunque necesaria, a mi juicio, condicionen dicha lectura), propongo las siguientes tesis, que la práctica de la meditación convertirán, espero, en algo más que meros enunciados filosóficos.

PRIMERA TESIS

El sufrimiento, inherente a la existencia humana es el resultado de una suerte de conspiración semántico-fenoménica: confundir nuestra naturaleza esencial, lo que de verdad somos, esto es, consciencia, con parte de sus contenidos, es decir, los fenómenos de los que somos conscientes. Esta situación de "identidad equivocada" (como A. Watts denomina al ego, pues no es de otra cosa de lo que se trata) es la causa del sufrimiento.

SEGUNDA TESIS

Es posible librarse del sufrimiento percatándonos *vivencialmente* (es decir, no tan sólo de forma intelectual) de dicha situación de confusión o alienación de la consciencia que somos, que se identifica, como hemos dicho, con parte de sus contenidos, construyéndose así como un ego separado del mundo (y que, por tanto, se duele de sus avatares y pérdidas como si, en efecto, la afectaran).

Tercera Tesis

La meditación es un "puente" que une ambas orillas, la de la mente "ordinaria" o alienada (también podríamos denominarla, pues, mente egoica) y la de la mente libre. Por eso, la meditación presenta una apariencia "paradójica". Por una parte, arranca de la mente ordinaria y su confusión básica (el ego). Pero, por otro lado, encierra el potencial de permitir percatarnos de esa confusión. Hemos llamado a este proceso "deconstrucción", o lo que es lo mismo: consideramos que la mente que sufre es una construcción, que la meditación *también* es construcción, pero que, por su naturaleza peculiar, es especialmente proclive a la deconstrucción.

Este libro tratará de desbrozar y explicar de manera convincente la tercera tesis, quedando la primera y la segunda "en manos del lector": de su experiencia personal, de su intuición directa, de su verificación subjetiva. Son tesis demasiado genéricas, y su veracidad (mejor dicho, su vivacidad, su capacidad para ser no una verdad abstracta, sino concreta, "viva", vivida desde dentro por y para un individuo) depende, para que ocurra, de la vivencia de cada cual, y a cada cual se le presentará dicha vivencia de modo único y concretísimo, según cuál sea el modo de su sufrir. Pero la tercera tesis sí se presta a ser expuesta "en abstracto", como teoría, como especulación más o menos filosófica (si bien, para ser del todo comprendida, debe ser también experimentada). Es, por lo tanto, la que se presenta aquí de un modo sistemático, quedando las dos primeras, pues, implícitas a lo largo del texto.

Parte I

DESARROLLO:
DESANDAR EL CAMINO

NUDO PRIMERO:
LA ATENCIÓN

Nudo: es posible, mediante esfuerzo,
desarrollar la consciencia.
Disolución del nudo: somos consciencia.

EL ÚLTIMO PASO ES EL PRIMERO

En meditación es preciso empezar la casa por el tejado. Por lo último, por lo más complejo, por la complejidad de nuestra mente que sufre, que genera sufrimiento y que, para paliarlo, para evitarlo (y después de haber probado todo tipo de remedios) decide *meditar*. Así que meditar es ya una manifestación de la complejidad, del embrollo en el que nos encontramos, y que debemos ir desembrollando. Pero la meditación misma, la decisión de meditar, el *empezar* a hacerlo, es también empezar a desembrollar nuestra infelicidad. Así pues, hay que *desandar* lo andado, regresar, desmontar la complejidad de nuestro edificio psíquico, que genera tanto sufrir. El vehículo, la herramienta, la expresión de la mente que resume toda esa complejidad y en la que se va a *desandar* el camino es la meditación.

Pero antes de comenzar hay que efectuar una aclaración: meditar no supone una regresión psicológica. No es un ejercicio psicológico, en realidad. El regreso, el desandar nuestro camino no es una experiencia autobiográfica, ni implica una regresión a la infancia, ni a la juventud, hacia formas más inmaduras del psiquismo. Tampoco es una experiencia basada en el cambio psicológico, en la alteración de nuestros patrones de conducta, de nuestras respuestas emocionales. Lo que vamos a desandar es algo de naturaleza *ontológica,* por así decir. Lo que vamos a desandar es nuestra alienación, nuestra pérdida de contacto con lo que somos realmente. Y decidir meditar es, lo queramos o no, una expresión de nuestra alienación. Por eso, en realidad, el principiante que medita se halla en una fase mucho más compleja de la meditación que el practicante "avanzado". Y por eso es necesario que empecemos por el principio, es decir, por lo último en complejidad, por lo más embrollado.

Abordemos primerísimamente la cuestión de la forma más brutal y directa posible: ¿qué es –en esta primera fase de complejidad– la meditación?, advirtiendo de antemano otro hecho crucial –que emerge, como hecho, de la práctica–: existen muchas respuestas correctas a esta pregunta. Distintas –conceptualmente– y correctas –válidas– desde un punto de vista pragmático. Lo cual nos lleva a considerar un primer aspecto relevante a la hora de responder: la meditación es un proceso dinámico, vivo, cambiante. Está sujeto a innumerables fluctuaciones y abierto a todo tipo de influencias. Su "materia prima", por así decir (y esto nos acerca un paso más a una posible definición), es la experiencia directa de la propia mente –entendida ésta como el conjunto de datos de los que somos conscientes, como por ejemplo pensamientos, emociones, sensaciones diversas, percepciones–, así como de la propia consciencia –entendida ésta como el percatarse simple y directo de dichos datos o contenidos–. Ahora bien, esto no es, todavía, un definición de lo que es meditar. Es, más bien, una descripción no muy detallada ni profunda de un estado mental ordinario, pero ya es, de por sí, una descripción que hay que tener en cuenta, porque revela algo fundamental acerca de nuestra "sustancia mental" (valga la expresión): que en su estructura existen dos aspectos diferenciados: por una parte, el percatarse, el darse cuenta, la consciencia-de; por otro lado, los contenidos, las vivencias, los objetos. Esta primera distinción es esencial si queremos seguir profundizando en nuestra tarea.

Se advertirá, pues, de inmediato, el carácter *per se* evanescente y sutilísimo, cambiante (y a veces tempestuoso) del escenario en el que nos vamos a situar. La mente (no hablo aquí de la mente como concepto teórico, sino más bien como concepto pragmático, es decir, lo que cada cual *experimenta* como su mente) es un flujo incesante de contenidos, y dicho flujo recibe, de continuo, el impacto de cientos de estímulos internos y externos que condicionan su dirección, sus matices, su "sabor y textura", su naturaleza agradable o no, su cantidad, su velocidad aparente, etc. No obstante, veremos cómo, pese a este carácter sumamente influenciable, la experiencia mental no es, en absoluto, algo caótico y rigurosamente azaroso, sino todo lo contrario. Toda la experiencia mental tiende a agruparse según una serie de patrones que son, me atrevería a decir, universales (al menos en sus rasgos más básicos). Pues bien, observar dichos patrones es uno de los objetivos de eso que llamamos meditar (por decirlo de un modo elocuente, aunque no del todo correcto), pero no el único, ni el primero (no es, en absoluto, una observación sencilla y directa, sino posible tras mucho entrenamiento). En realidad, cada sesión de meditación va a ser única, diferente, especial. La mente, pese a la presencia de dichos patrones "permanentes", está en continuo movimiento, y su experiencia es, por lo tanto, cambiante. No obstante, la propia rutina de "sentarse a meditar" genera condiciones que, al ser semejantes, producen una gama de tonos mentales que son, como mínimo, como miembros de una misma familia: parecidos, no excesivamente distintos. En realidad, he aquí una de las características básicas de la meditación: el constituirse como una especie de "medio ambiente" mental artificioso y especialmente diseñado para la introspección.[4] Buscamos un lugar solitario, sin excesivos estímulos, nos autosugestionamos para abandonar las preocupaciones cotidianas, establecemos una rutina previa... todo ello ayuda a que el cerebro, que es sumamente proclive al hábito y a los refuerzos conductuales, entre en situación. Esto es, en realidad, tanto una ventaja como un peligro, tal y como veremos más adelante. Pero, sin duda, y sobre todo de cara al principiante, constituye una ventaja de la que hay que sacar provecho.

En consecuencia, meditar es vérselas uno mismo con su mente, con su consciencia –si bien distingo entre mente y consciencia, fíjese el lector que no las separo–. Meditar es afrontar la mente aquí y ahora, verla, observarla. Claro que existen definiciones alternativas, pero en esencia idénticas: meditar es "sentirse" aquí y ahora, o bien observar atentamente la experiencia presente, bien volviendo la atención hacia un objeto interno, bien hacia un objeto externo, etc.

Partamos pues de esta definición, teniendo en cuenta que se trata de una definición, como decíamos al principio, implícitamente dualista y embrollada, compleja, arrancada de un modo de experiencia de lo real que la propia meditación va a tratar, paradójicamente, de disolver. No obstante, la utilidad de esta definición estriba en que es operativa. Es decir: aunque compleja como manifestación, es sencilla como instruc-

---

4. No obstante, sus límites son en realidad sumamente porosos, hasta el punto de que, en realidad, convertir la meditación en algo "separado" de lo demás es una ilusión peligrosamente paralizante.

ción. Permite comenzar a sentarse y practicar, y por lo tanto lanza al meditador más allá de las palabras: lo lanza a la experiencia *directa* de su propia mente. Y, más allá, mucho más allá de definiciones y teorías, comprendemos lo que es meditar *meditando*. (De ahí que vuelva a insistir en lo importante que es sentarse y meditar, si efectivamente queremos *comprender.*)

LA ATENCIÓN CONSUMISTA

Partamos pues de aquí, de esta instrucción firme, clara y distinta (que presupone que meditar es algo, algo aparte, pues, de nosotros, pero que, paradójicamente, nos va a juntar más con las cosas, aunque no de momento...): ¡obsérvate a ti mismo! ¡Ten el valor de observarte![5]

Mas la observación misma ya es algo sabido por el lector, por el meditador en potencia, que se pasa el día observando y observando (al estúpido conductor del coche rojo, a las cotizaciones de bolsa, a las rebajas, a la nata del café, a las nubes que amenazan lluvia, al saldo de la cuenta corriente...). Y ahora debe observar algo más, observar como él ya sabe, lo mejor que sepa hacerlo, eso que se llama "respiración", o los cosquilleos del cuerpo, o los pensamientos que van y vienen en tumulto... Pongamos por caso que se trata de observar la respiración: de inmediato, este nuevo objeto cobra una importancia inusitada, y uno se apresta a observar lo mejor que sabe y ob-

---

5. No es mera coincidencia el uso de esta expresión de raíz kantiana. *Sapere aude* (ten el valor de saber, de pensar por ti mismo) fue el lema elegido por Kant para caracterizar el espíritu de la Ilustración, que él denominó también "la mayoría de edad de la razón". "Ten el valor de observarte" podría ser, asimismo, el lema de un nuevo giro copernicano de la consciencia humana, que la lance más allá del pensamiento.

serva una, dos, tres respiraciones (¡qué fácil, qué sencillo, qué bien lo hago!, piensa el meditador), y ya ha perdido usted el hilo y se ha distraído por completo. Porque el lector sabe observar de una manera acabada, terminada, útil, *construida,* y ese estilo de observar lo lleva a uno de acá para allá y de allá para acá, y se distrae justo cuando lo que hay empieza a ser aburrido, o amenazador, o doloroso, o poco gratificante...

Sabemos "observar", claro está: sabemos ser observadores, el yo que observa y que se sabe observado y que, al observar, se despliega, despliega todo su mágico y humanísimo esfuerzo: inventar un mundo, mantenerlo vivo, mantenerse uno e idéntico en él, útil, apropiado, categorizado, controlado. La observación es vital, y del modo como observamos se desprende el modo en que es el mundo y el modo en que somos nosotros en ese mundo.

He aquí, quizás, el primer gran nudo de nuestro embrollo tal y como surge en la práctica meditativa, el último si nos atenemos al estricto orden de nuestra construcción. Nuestra atención tiene un "estilo" (determinado por nuestra cultura, por nuestra historia personal, por nuestra experiencia), y dicho estilo manifiesta en la práctica los límites de nuestra visión del mundo, de nuestra incardinación en él. Para explicar esto de un modo algo más gráfico, he elegido una caracterización del estilo de atención que, según creo, predomina en nuestra cultura. Nosotros somos, sobre todo, *consumistas.* No se trata de una simple obviedad, ni de una exageración, afirmar que nuestra forma de observar, de desplegar la atención, refleja con exacta fidelidad unos patrones de conducta que son continuamente modelados por el medio ambiente social. Nuestra atención consume objetos: toca, mira, palpa, observa y aprueba esto, desecha aquello, busca lo recordado como placentero, se previene precavidamente contra aquello recordado como desagradable y, sobre todo, se aburre rápidamente de lo conocido, busca siempre el estímulo de lo nuevo. (Quizás el paradigma de nuestro "estilo" observacional lo constituya el modo en que prestamos atención a la televisión. Dejo esta sugerencia en el aire...)

He aquí algo que merece la pena paladear lentamente. En nuestro modo de construirnos, la atención parece ser un mero epifenómeno psíquico, una especie de regalo darwinista que ayuda a la supervivencia. Desde el punto de vista de la experiencia cotidiana, parecería que, en efecto, estar atentos a algo (con su contrajuego de *desatender a algo)* es una especie de adorno, de rizo de la consciencia, de operación última de la mente, con la cual se *ultima* nuestra experiencia, y nuestra vida se *culmina*. La atención, pues, crepita en el horizonte inmediato de los sucesos, se bate con ellos, los maneja al antojo de querencias más primitivas, instintivas algunas, aprendidas otras. Y así, al accionar en la meditación nuestra atención, parecería que estamos, también, en el borde mismo que hay entre nosotros mismos y el objeto, capturándolo, igual que los bordes de la ameba capturan su alimento.

Pero *algo* sale, indefectiblemente, mal. Siempre. ¡La atención consumista siempre se está yendo! ¡Siempre se distrae! Es más: se diría que su función, más que atrapar objetos, es la contraria, la de irse, la de *escapar* de los objetos, de las experiencias. Uno tropieza siempre con esa irritante y esquiva cualidad de la atención inatenta, de la atención distraida y como ensimismada. ¿Por qué? ¿Qué ocurre? Ocurre, entre otras cosas, que el nudo empieza a mostrar su forma, aunque al principio no seamos capaces de verlo con claridad.

En esta primera/última lazada de nuestro embrollo existen diversos matices que debemos considerar con detenimiento. Lo primero que detectamos, naturalmente, es la abrumadora catarata de pensamientos –a veces como rumor de fondo, a veces como estruendo ensordecedor– que de continuo genera nuestra mente. Ahora bien: sería demasiado simplista afirmar que los pensamientos nos distraen. Es así, pero es, a la vez, mucho más complejo lo que ocurre.

Consideremos la cuestión desde un punto de vista ligeramente distinto: ¿*por qué* habría de ser difícil observar algo tan obvio, tan cercano, tan evidente como, por ejemplo, el cuerpo o la respiración? En realidad, nos resulta difícil observar la respiración porque *nos resistimos* a ello. Nuestra atención consumista *no puede* observar la respiración, de la misma manera que no puede observar nada en absoluto. Porque nuestra atención *piensa* las cosas, o más bien observa lo que pensamos acerca de las cosas, no las cosas mismas. En cierto sentido, esto se hace evidente cuando, de un modo espontáneo e impremeditado, identificamos *observar algo* con *pensar acerca de ese algo*. El pensamiento aparece como una especie de "etiquetador" omnipresente que delimita los objetos y les confiere identidad, de manera que la actividad "observar un objeto" requiere, para ejecutarse, en primer lugar de la actividad del pensamiento que lo delimita y lo identifica. En consecuencia, la atención aparece mezclada, confundida con el pensamiento. Pero, además, al conferir forma, límite e identidad a los objetos, el pensamiento ubica la atención en un entramado de significados interrelacionados que está en constante intercambio asociativo. Pensar en la respiración remite de inmediato a otro significado asociado, y éste a otro, saltando de un significado a otro de un modo mecánico e inconsciente.

Y así, cuando meditamos, es decir, cuando intentamos infructuosamente mantenernos atentos a la experiencia presente se nos vuelve casi imposible hacerlo. Uno de los descubrimientos más sorprendentes que efectúa el meditador es que su estado habitual de consciencia está "formateado" –permítaseme la expresión– para *escapar* de la experiencia presente. Durante la meditación, nuestra atención consumista consume sus objetos, es decir, los piensa, y al hacerlo se distrae por completo, y este distraerse irritante y recurrente –que es como ha sido adiestrada nuestra mente– es un esfuerzo soberano e implacable que se ejerce sobre la atención. Nuestra atención, pues, se encuentra en un estado de penosa desactivación, ha sido condicionada. ¿Cómo es posible –si es que lo es– salir de este enredo?

LA DISTRACCIÓN
ES EL ESFUERZO DEL EGO

Este movimiento perpetuo del pensamiento no es, sin embargo, azaroso, casual. En realidad, el pensamiento es el hábitat del ego, su medio natural. Para ser precisos, habría que ir algo más lejos: el ego es un pensamiento. Un pensamiento de una complejidad asombrosa, un pensamiento siempre en movimiento; un movimiento de la mente organizado según una serie de pautas, esquemas y principios; una sinfonía de imágenes, emociones y sensaciones. El ego es una historia, miles de historias entrelazadas, interdependientes, conectadas por una sintaxis emocional bipolar sencilla pero abismal; una imagen sintetizada a partir de miles de imágenes; un juicio de carácter inestable, siempre en trance de actualizarse y confrontarse con nuevos datos, con nuevas informaciones. Hablar del ego con rigor y exactitud requeriría, sin embargo, un libro, muchos libros, y aquí no es necesario hacerlo.[6] Más bien es preciso *reconocerlo*. Basta con decir que el ego asoma *siempre* en nuestras historias mentales, y que es como un

---

6. En el apéndice I, «Buda en la librería», el lector encontrará bibliografía seleccionada acerca del tema.

zapador incansable, un cribador constante de la experiencia pensada, siempre en busca de autoafirmación, siempre evaluando las posibles recompensas y peligros, el placer y el dolor, el deseo y la aversión.

La meditación nos irá proporcionando fogonazos, atisbos del ego, del complejo e ilusorio castillo mental que es su obra. Ahora, sin embargo, basta con decir que el ego es *construcción*. Pero no una construcción definitivamente erguida, acabada. Hay algo que el ego busca por encima de todo: perseverar en su ser, para utilizar la expresión de Spinoza. O, lo que es lo mismo, *preservar* su ser del cambio y de la muerte. Para ello, trata de establecer una identidad que permanezca estable en medio de la vorágine de cambios que es la vida fenoménica. ¿Y cómo lo consigue? El ego debe esforzarse para mantenerse idéntico a sí mismo en el cambio (o, al menos, con un grado de cambio que resulte tolerable). *Ese esfuerzo del ego se manifiesta como distracción, y el ego, en consecuencia, no es otra cosa que consciencia distraída, es decir, alienada.* En medio de la experiencia siempre cambiante, si la atención se dejase absorber por la dinámica de la experiencia, la sensación de ser, de permanecer idéntico a sí mismo, se desvanecería. Por eso el ego no se deja llevar: siempre se aferra, impide la experiencia, y lo hace etiquetándola, pensándola, reduciéndola a mero concepto, a un significado sobre el que efectuar sus juicios. También por eso el ego ama las clasificaciones, los esquemas, las categorías acerca de las cosas, de las personas, de los acontecimientos: así los reduce a pensamientos, a experiencias ya pasadas y conocidas, en las que se siente seguro: lo nuevo, lo radicalmente nuevo, le aterra. Pero sobre todo lo que le aterra es la muerte.

De manera que no somos capaces de mirar durante mucho tiempo las cosas. A decir verdad, nuestro hábito es mirarlas el tiempo suficiente como para etiquetarlas, sustituirlas por una

imagen, juzgarlas. Y todo eso apenas requiere unas milési-
mas de segundos. El pensamiento es rápido, casi instantáneo,
y esa misma rapidez, esa capacidad para saltar del pasado al
futuro, de lo conocido a lo temido, de una cosa a otra, es
como la rapidez que los fotogramas de una película necesitan
para generar la ilusión de la *continuidad*. Así pues, estamos
distraídos porque necesitamos esforzarnos para que el fan-
tasma del ego se mantenga, continúe, no se desvanezca en
la nada.

Es algo que podemos corroborar sin dificultad en cualquier contexto, en cualquier situación. Una discusión, por
ejemplo, representa quizás uno de los contextos de mayor actividad del ego. Si repasamos mentalmente cuál es nuestra
actitud mental mientras discutimos, nos percataremos de inmediato del modo en que nuestro pensamiento está ejecutan-
do un esgrima mental rapidísimo. Oímos, catalogamos, juz-
gamos, respondemos, y todo ello con la finalidad continua de
defendernos, de preservar nuestra imagen. *Sentimos* que estamos, nosotros mismos, nuestro ser, en peligro, amenazados
por opiniones y juicios, por sonidos que flotan en el aire. Toda
nuestra energía se moviliza. Nuestras emociones se disparan.
El ego alcanza un estado de efervescencia que puede resonar
en nuestra memoria larguísimo tiempo.

LO QUE *REALMENTE* HACEMOS CUANDO MEDITAMOS

Meditar, pues, nos confronta con una imposibilidad que es, a
la vez, una oportunidad. *Yo* no puedo estar atento. La mente
egoica no puede realizar la instrucción "estar atento". ¿No
puede? En realidad, sí puede... hasta cierto límite, como ya
hemos visto, pero no completamente. Y es posible, por su-

puesto, trascender la mente egoica, la mente dualista. De hecho, es algo que ocurre de forma espontánea con cierta frecuencia, en especial en los niños, cuyo ego aún se halla en estado de desarrollo. Es posible que nos *perdamos* en la contemplación de un paisaje, en la audición de una melodía, o en la realización de una tarea. Pero *si tratamos de hacerlo*, veremos que es imposible hacerlo. ¡El ego no puede "perderse" de manera intencionada! De ahí que sentarse a meditar, es decir, a estar atento, sea una actividad especialmente neurótica. ¡El ego intentando olvidarse de sí mismo! Es, por supuesto, una batalla perdida (es *imposible* ganarla), pero a la vez, y por eso mismo, es *preciso* librarla. Porque en ésta, como en otras batallas que se irán planteando, la derrota es la victoria.

En realidad, esta aparente paradoja sólo lo es, en efecto, en apariencia, aunque es algo más que un mero juego de palabras. ¿Qué quiere decir esto? Para explicarlo del modo más claro posible es imprescindible que nos representemos el modelo "dualista" de la atención de la forma más nítida que podamos, y para ello es importante que nos encontremos personalmente involucrados en la tarea. Que estemos, en efecto, en plena lucha contra los elementos, contra la distracción. Es preciso que libremos la batalla, que saboreemos la frustración. En un principio, incluso, al obtener algunos logros, creeremos estar derrotando al enemigo. Aparecerán ciertos atisbos de presencia lúcida, de viveza perceptiva.[7] Pero, claro, las distracciones subsisten. La guerra está perdida.

---

7. Uno puede pasar años en esta situación. En las diversas tradiciones se habla de *samatha*, o concentración unidireccional sostenida, como fase inicial de la meditación. Es posible, por supuesto, aislando al cerebro de sus estímulos habituales y entrenándolo intensivamente, generar una gran capacidad de concentración. Sin embargo, esas mismas tradiciones aclaran que esa capacidad no sirve, por sí sola, para obtener la Iluminación, sino tan sólo como herramienta que favorecerá formas superiores de meditación.

Y, entonces, ¿qué? Entonces... no hay tal guerra. La guerra contra uno mismo, contra las distracciones, es pura ilusión. En este nivel percibimos las cosas de esta manera, las entendemos así: esto contra lo otro. El bien contra el mal. La distracción contra la atención. Yo contra el mundo. Naturalmente, todo esto es pura interpretación, lo que antes he denominado "formateado" de la realidad a partir de categorías "emo-conceptuales", es decir, de conceptos que encierran un extraordinario potencial emocional. En esta guerra, pues, representamos y proyectamos con viveza, energía y sentimiento un esquema *básico* de nuestra arquitectura psíquica, de nuestra personalidad profunda, del que *normalmente* no somos conscientes. Este esquema podría resumirse así: *queremos* algo y *debemos* destruir los obstáculos que se oponen. En ese choque frontal emerge un sentimiento del "yo" muy nítido, muy definido, tanto en el logro (como orgullo o alegría) como en el fracaso (como frustración, ira, melancolía...). De hecho, ésta es una actitud básica: luchamos contra el mundo. Superamos obstáculos, barreras, pruebas que una y otra vez vuelven a erigirse, vuelven a amenazarnos. *También* en la meditación se representa la misma guerra. Pero con una diferencia básica: en ella hemos cambiado el escenario de la contienda. Simplemente. Ahora esa contienda se escenifica en la consciencia.

Al principio no nos percatamos de ello, pero cuando meditamos estamos, de hecho, reviviendo el drama universal, el drama entero de la existencia, pero en su verdadero escenario. Lo estamos reubicando del único modo posible que nos permitirá liberarnos del sufrimiento que ese conflicto conlleva. Lo estamos experimentando, experimentando la imposibilidad de un triunfo, lo cual *es* el sufrimiento.

De manera que, al sentarnos, etc. para observar la respiración estamos en realidad haciendo algo muy distinto de lo que parece. Estamos volviendo a nuestro ser, a lo que somos, de la única manera posible: planteando el problema de la existencia –representado en el problema de observar la respiración– en sus justos términos, en sus términos correctos. Por fin, como en los problemas de matemáticas, estamos empezando por lo correcto: por un buen planteamiento. Por ello antes he afirmado que la meditación, pese a requerir una técnica, no es una técnica, no es un artificio, no es un método destinado a alcanzar un objetivo, y, sobre todo, no es un mundo aparte, cerrado en sí mismo, en el que se alcanzan experiencias sublimes. La vida se simplifica "artificialmente" cuando meditamos, pero quedan en la meditación, en su desnudez implacable, los ingredientes básicos del drama, desprovistos de sus martingalas y efectismos, de su abigarrado transcurrir normal, lleno de sugestiones y estímulos cuyo poder de sugestión es demasiado poderoso. Así pues, al sentarnos a meditar simplificamos el problema del sufrimiento y a la vez generamos un entorno tan desprovisto de estímulos como podamos, con el fin de cortar durante media hora, más o menos, con los condicionamientos habituales. Los resortes del hábito, los esquemas previos y las corazas corporales son tan intensos y están tan arraigados que es prácticamente imposible eludirlos en su contexto habitual.[8]

8. Claro está que ello conlleva un riesgo: el de compartimentar la meditación y convertirla en un "algo aparte", en una burbuja sin continuidad con el resto de la vida, agradable, beneficioso sin duda, pero desprovisto del poder de germinar y desactivar los condicionamientos cuando éstos "saltan" en su entorno natural. En nuestra evolución como practicantes sin duda nos encontraremos en esta encrucijada. Por otra parte, es completamente normal, dado que partimos de una configuración de nuestro aparato mental, de nuestra consciencia, que genera toda clase de compartimentos, de divisones, de formas separadas del fondo. La rutina, las costumbres de cada cual, los resortes que ayudan a entrar en calma, todo ello se confabula para persistir en la ilusión básica –yo contra el mundo, la atención contra las distracciones–, y por eso es fundamental no perder, bajo ninguna circunstancia, la continuidad entre nuestra vida cotidiana y la práctica de la meditación.

Rendirse es prestar atención

En la tradición zen –al menos, que yo sepa, en una de sus dos corrientes o escuelas principales–, se somete al monje a una especie de prueba psicológica, basada en la resolución del *koan*. Un *koan* es algo así como un acertijo que vulnera, en su planteamiento, los esquemas más elementales del pensamiento lógico. "¿Cuál era tu rostro antes de nacer?" o "¿Qué sonido producimos al tocar las palmas con una sola mano?" son algunos de los *koan* más conocidos. El estudiante recibe la misión de encontrar la respuesta correcta, y parece evidente que la mera razón resultará insuficiente para encontrarla.

Saco esta cuestión a colación porque, en cierto modo, la práctica de la meditación representa un desafío semejante, si bien planteado en términos más difusos y, quizás (aunque esto es relativo), más apremiantes. *Conseguir* estar atento (que *yo* atienda) es, en esencia, tan ridículo como intentar responder a un *koan* en términos lógicos, y la razón es que tanto un desafío como otro vulneran en su mismo planteamiento no sólo las reglas de la lógica, sino nuestra capacidad de interpretar, comprender y describir lo real. La comprensión, la resolución del problema, debe por tanto brotar desde *más allá* de la lógica, desde más allá de la mente dualista.

No obstante, y como ya hemos visto, la atención es una cualidad de la consciencia perfectamente conocida (lo cual no ocurre con la respuesta al *koan*), y ése es, paradójicamente, el mayor obstáculo. Nuestra construcción psíquica incluye, como ya dijimos, el ingrediente *atención,* aunque de un modo devaluado, característicamente *distraído*. Es más: si bien no conseguimos permanecer atentos *a voluntad*, tampoco podemos *dejar de atender.* La razón es muy simple: la atención no es un mero *ingrediente* del psiquismo. La atención es, por decirlo en lenguaje matemático, *una constante*. Sin embargo, nosotros tratamos de estar atentos como si se tratara, en efecto, de un ingrediente, de una posibilidad de la mente (algo así como ejecutar un movimiento muscular, algo que podemos hacer de forma voluntaria, ejercitar y desarrollar a base de entrenamiento), de una *potencia del alma* (por decirlo en lenguaje aristotélico). Y lo que descubrimos en la práctica de la meditación es algo muy desconcertante: la atención es *sustrato* de la vida psíquica. Está ahí independientemente de nuestra voluntad, de nuestro esfuerzo, de nuestro entrenamiento. No es algo que nosotros hagamos, sino más bien al contrario: es algo que nos hace a nosotros, previo a nosotros, condición para que seamos. Por tanto, no podemos alcanzarla. No podemos ponernos, simuladamente, de puntillas, y asirla. Ningún esfuerzo nos llevará hasta ella. Como mucho, lo único que podemos hacer es *permitir* que se manifieste con toda su pureza, es decir, *sin distracción*. Y ésta es la clave de todo el asunto.

Si antes he utilizado la analogía de la guerra, no ha sido casualmente. Tampoco lo ha sido la afirmación de que es preciso librar esta guerra pese a estar, de antemano, perdida. La primera razón es que *hay que perderla*, pues no basta con limitarse a no librarla. Eso sería, en realidad, un subterfugio, una estrategia destinada a *fingir* que el conflicto dualista ha sido superado. La siguiente razón es mucho más decisiva: sólo si nos sentimos *realmente* en guerra, envueltos en un conflicto, podemos perder esa guerra de la única manera que puede ser perdida: rindiéndonos. Esto tiene un profundo significado: la única manera posible de resolver y vencer este conflicto es rendirse (abandonar, soltar, aflojar la tensión: todas estas expresiones aluden de forma más específica a la dimensión emocional del mismo) porque, en realidad, dicho conflicto *no es real*.

Quizás el lector se sienta perplejo: si el conflicto no es real, ¿cómo podemos rendirnos? ¿Cómo podemos soltar, abandonar, resignarnos? Veámoslo de otro modo: si el conflicto fuera real, sólo podría resolverse cuando una de las dos partes triunfara sobre la otra. Un conflicto "real" implica eso: dos partes en lucha. Un conflicto "irreal" (o ilusorio, tanto da) implica que las dos partes en lucha son, en realidad, la misma cosa, por lo que ninguna de las dos podrá imponerse nunca a la otra. En un conflicto "real", si una de las dos partes se rinde, el conflicto se resuelve. Vence una de ambas partes, la otra es derrotada. En este conflicto ilusorio, si una de las partes de rinde, en realidad desaparece la ilusión de división que genera la sensación de conflicto. Si el ego es distracción, y a la vez el ego *desea* estar atento (lo cual *es* distracción), al rendirse el ego, simplemente desaparece *el deseo* de estar atento, lo cual es tanto como decir que desaparece la distracción. Y en el preciso instante en el que el ego se rinde, lo que queda es atención. Pura atención.

El nudo se disuelve. Y se disuelve porque no es real. Lo único que hay, entonces, es atención, lo único que siempre ha habido es atención. La distracción, en suma, no es algo real. Es una *interpretación*, que aparece justo cuando *deseamos* estar atentos. Si no estuviéramos atentos, en realidad, ¿cómo sabríamos alguna vez que estamos distraídos, o que hemos estado distraídos? Y puesto que el ego es distracción, es preciso, entonces, admitir que el ego es, también, ilusorio.

Resumamos: cuando nos proponemos meditar, es decir, estar atentos a *algo,* surge la distracción, es decir, el ego que *desea* estar atento a algo. Nuestros esquemas dualistas *se hacen manifiestos,* y entonces, simplemente, es posible percatarse de ellos pero, para que eso ocurra, hay que rendirse, hay que cejar en el empeño de estar atentos a algo. Todo esto, que parece mucho más enrevesado de lo que es, exhibe con diafanidad lo que afirmábamos al principio: la meditación *muestra* la forma de nuestro embrollo (en este caso, el embrollo es un ego que desea algo que sólo puede manifestarse si deja de desear), y hace posible *verlo,* es decir, disolverlo.

¿Y por qué razón *verlo* es disolverlo? Verlo es ver su naturaleza ficticia. Lo cual incluye, entonces, paradójicamente, a la misma meditación. Uno se percata, de repente, de la futilidad de *intentar* estar atento, de la inutilidad de meditar. La meditación, así, se deconstruye, deja de ser *algo,* y es entonces cuando puede ocurrir realmente eso que es en verdad meditar, y que está más allá de toda intención, de todo esfuerzo.

EL REGRESO A LA ATENCIÓN PURA

Se hace posible, así, el progreso en la meditación, progreso que es regreso, un regreso a la base, a la fuente de donde brota la mente. ¿Hacia dónde va indefectiblemente el meditar, sino hacia el que medita, hacia lo que hace posible la verdadera meditación? La meditación, pues, no progresa, no tiene un fin ulterior –llámelo Iluminación, o como desee–, sino que va hacia sí misma y hacia su artificio, hacia una lucidez extraña que nos desampara y deja expuestos a la verdad –qué perseguimos, qué deseamos *realmente* al meditar...–. Ocurre en la meditación como en esas películas de espías, en las que el mensaje se autodestruirá en cinco segundos, o como con la famosa escalera de Wittgenstein, que debe ser abandonada una vez usada...

Pero no saque el lector "conclusiones" de ello, ni razone ni deduzca que es inútil meditar,[9] pues aunque sea inútil, pre-

---

9. Pese al hecho cierto de que el esfuerzo no conduce a nada, no crea el lector que aquí se defiende o postula alguna clase de aquiescencia con la mente ordinaria, confusa y oscurecida. Ya hemos dicho que ésa es precisamente la mente esforzada, pese a que permanecer en ella nos resulte, a todos, cómodo y seguro, conocido y mecánico, por lo que iremos a ella siempre que nos descuidemos. Y sobreponernos a esa comodidad resulta incómodo y esforzado, una molestia cuyo afrontamiento requiere seriedad y empeño. No lo confundamos con la tensión y el deseo. Pero, si hemos sentido la llamada de la realización, simplemente, seamos fieles a ella.

cisamente ahí es donde radica su utilidad. Siéntese y siénta-
se, como enseñan los budistas zen, que todo el misterio de la
vida se hallará entonces ante usted, expuesto y planteado en
sus justos términos, no en otros más confusos que le hacen
errar una y otra vez el blanco. Ya lo dije, y lo vuelvo a repetir: meditar es alienación, neurosis, pero planteada de forma
que puede, por fin, ser entendida, ser disuelta. Y, con ella, la
alienación de su vida al completo, pues la meditación trae
presente a su conciencia su vida total y lleva la consciencia
–la atención– a su vida (ambos aspectos son lo mismo, pero
el hecho es que usted todavía los vive separadamente...).

Una forma alternativa de decirlo (no opuesta, simplemente distinta) es explicando que meditar no es otra cosa que desaprender a percibir de forma incorrecta, es decir, sin las in-
terferencias del ego. Meditar es regresar a la atención pura,
a la percepción pura, lo cual exige abandonar el intelecto, es
decir, percibir sin la intervención de conceptos, de datos, de recuerdos, de expectativas, de deseos. Pero la meditación *empieza* siendo también, ella misma, información, dato, recuerdo,
deseo, aprendizaje en suma que se suma a otros saberes y se
superpone y mezcla con ellos, hasta que el meditador tropieza
con el hecho de que meditar no genera aprendizaje alguno, ni
nada nos enseña, y así vamos aprendiendo a no aprender, o a
desaprender lo aprendido, lo cual incluye también la meditación y sus técnicas, que son información y se acumulan en
forma de memoria, de dato retenido para ser utilizado.

Podemos tomar como ejemplo la meditación sobre objetos (consistente en contemplar un objeto cualquiera, como
una silla, una puerta, o un edificio). Primero nos esforzamos
en observar el objeto. Pero el esfuerzo no toca a la atención,
ni la fortalece ni la desarrolla. Si usted se esfuerza, lo que aparece en la consciencia es... esfuerzo. Tensión muscular. Sensación de "empeño". Nada de eso puede darle energía a su

capacidad de atender, a su consciencia en acción. Esfuerzo, empeño, tensión, son, simplemente, sucesos que aparecen en su consciencia. Nada más. Entonces comprende usted que todo esfuerzo es inútil, y si esto es así, es posible que usted abandone toda pretensión de manipular su consciencia. Y así puede ocurrir que la atención se revele en toda su pureza. ¡Es fantástico! El objeto de su atención se le aparecerá entonces brillante y nítido, nuevo como en la mañana misma de la creación. ¡En realidad es así! Ese edificio que siempre ve distraídamente al salir de casa le parecerá ahora una construcción llena de volumen, de color, de texturas. Puede que, paseando, vea usted un árbol, y que toda la belleza de sus hojas y de sus ramas le deje absorto y maravillado, en una contemplación que jamás se aburre del objeto, puesto que siempre lo crea y lo recrea. También puede que contemple el rostro de su hermano, o de su madre, y que ¡por fin! lo vea tal y como es, sin las distorsiones de la memoria y del pasado, sin la rutina de la repetición, y entonces se asombrará de haberlo tratado, quizás, con ira o enfado. También puede que se mire usted al espejo y que, al verse así, como un completo desconocido, se sienta usted hermoso y lleno de vida, un cuerpo que proclama incesantemente la gloria de estar vivo. Y todo esto puede durar segundos, o minutos, todo el rato en el que el ego de usted se distraiga de sí mismo, se olvide de sí y de ser y mantenerse –mediante el pensar, comparar, juzgar, opinar, recordar– y se le muestre así la belleza del mundo en todo su esplendor. ¡Permítalo usted!

Pero advierta que toda la clave del asunto no es otra que regresar a un lugar del proceso perceptivo que es anterior a la aparición del pensamiento, del recuerdo que compara y que se nutre del pasado y que, al producirse, nubla y entristece todo cuanto ve, pues lo ve con el ojo del recuerdo, con él lo recubre, y no con el ojo verdadero, la ventana de su cerebro asomándose al mundo con infinita viveza y curiosidad. Y entonces descubrirá usted que era su ego lo que recubría al mundo, y por lo tanto que su proceso de percibir era una mera proyección de sus intereses y deseos, de sus temores y búsquedas. También verá y descubrirá que el aburrimiento de usted no es sino usted mismo al ver lo de todos los días, todos los días igual, todos los días lo mismo, una ilusión fantásticamente aburrida, pero que usted –su ego– necesita para sentirse igual un día y otro, es decir, seguro, sin cambios, inmune a la desaparición y por tanto a la muerte. Y, al percibir limpiamente, entonces, verá usted la muerte cara a cara. Pero no se asuste. Una cosa es *ver* la muerte (ver la impermanencia, ver que todo, incluidos nosotros, nos deslizamos hacia la disolución) y otra muy distinta es *pensarla,* cosa terrorífica según sabemos todos.

NUDO SEGUNDO:
LA LIBERTAD

Nudo: somos libres, tenemos "libre albedrío".
Disolución del nudo: somos libertad.

La elección es un placer

Siéntese y medite. Permita que la atención le ocurra. Con diligencia, tal vez sea un hecho que así sea. Si no está muy seguro de querer hacerlo, motívese. No le faltarán buenos argumentos: le ocurrirán experiencias arrebatadoras. La grisura de su vida puede que acierte a colorearse, a llenarse de belleza y serenidad. También bajará su tensión arterial (si es que la tiene demasiado alta), y dormirá mejor. Ganará en salud y belleza. Si todo esto no le motiva, ¿qué podría hacerlo?

Lo cierto es que entramos en el juego de la meditación ilusionados, encantados, felices por la oportunidad que nos brinda la vida (de conocernos, de mejorar, de alcanzar el éxtasis y la liberación), *elegimos* meditar y en esa elección, confesémoslo, nos sentimos diferentes, especiales, superiores. Así pues, ¡adelante! ¡Meditemos! (Hemos elegido meditar y en esa elección, quizás, hemos sopesado los pros y los contras, la fascinación y el fastidio, el deseo de obtener algo y, por otra parte, la pereza, la desidia, la tendencia a sentarse a ver la televisión sin más. La descripción del hecho psíquico "elegir" sin duda podría llevarnos mucho tiempo en precisiones y detalles, un relato de azares y casualidades concatenadas, pero en esencia creemos de buena fe que se trata de la voluntad del yo, de una decisión íntimamente libre. ¿No es así?)

No obstante, usted ha penetrado en un mundo paradójico. La meditación, ya lo va sabiendo, es pródiga en paradojas. Usted, por ejemplo, cree que elige, cree ser el sujeto agente que toma las decisiones –¡por ejemplo, meditar!–, pero al meditar se le exige que abandone de inmediato el funesto –e ilusorio– hábito de elegir. ¡Realmente, no hay nada que le esclavice más!

En efecto, ahora que usted se ha encontrado con la atención, y que ha visto que es imposible dominarla a su antojo, y que ya va aprendiendo a dejarse llevar hasta ella, aparece una instrucción quizás más elevada: se trata de observar sin elegir, sin decantarse, sin preferir, condenar, enjuiciar o rechazar. ¡Sin escaparse, sin eludir, sin refugiarse, sin buscar! ¡Realmente, es insólito! ¿Por qué no va uno a elegir estar en paz, sereno y tranquilo? ¿Para qué se esfuerza uno en sentarse, y concentrarse, entonces? ¿No *elegimos* la propia meditación? Entonces, ¿qué significa eso de no elegir?

Estamos entrando –ya lo imaginará el lector– de lleno en otro de los grandes nudos del ego. En otro de los embrollos de la mente ordinaria, en otra de sus magníficas ilusiones. Es necesario hollar con tiento, pues aquí la situación está configurada por elementos que son, digámoslo así, sumamente resbaladizos, nos encontramos en una región psíquica *sin rozamiento*, lo cual nos lleva a una inercia difícilmente evitable. Es fácil, hasta cierto punto, observar. Pero ¿no elegir? Advirtámoslo de inmediato: la elección es el engranaje más fluido de la psique. Se conecta de inmediato, y de un modo instantáneo arrastra a toda la maquinaria mental del pensamiento. Claro es que, en esa misma fluidez, en ese mismo automatismo del elegir, se encuentra la salida, el aflojamiento del nudo.

Para entender esto, es preciso que aparezca en nuestro argumento el gran elemento catalizador de nuestras elecciones: el placer. He aquí la gran enzima de nuestra voluntad. El placer... y el dolor, claro está (pues todo, todo, lleva en esta vida su contrapartida). Y también, por supuesto, la meditación es, de nuevo, el escenario donde comprenderemos su misterio.

LAS DOS SUPERCATEGORÍAS

En la meditación vuelve a representarse el drama entero de la existencia, esta vez a través de una manifestación distinta, aunque de algún modo se repitan los esquemas, las fuerzas elementales que entablan conflicto: la inercia brutal de nuestros hábitos, por un lado, que tiñen *incluso* la práctica, y el mundo inasible de la pura consciencia, por otro. La meditación ofrece un diseño extraño: por una parte, arranca de la mente dualista. Esto quiere decir, en realidad, que la mente dualista *penetra* en la práctica meditativa cargada de sus formidables prejuicios. Por otra parte, la meditación despliega el aroma de la no-dualidad, nos incomoda con su insistencia en lo paradójico, exigiéndonos lo que no podemos cumplir.

Ahora la exigencia es *no elegir*. Observar sin elección cuanto aparezca en la mente. Pero una y otra vez el hábito de elegir querrá imponerse. La elección es, como la distracción, el juego del ego, pero aquí manifestado en su aspecto motivacional. Vamos a analizar primero de qué modo nos situamos permanentemente en una disyuntiva, pues la elección y todo el cortejo que la acompaña, todas sus consecuencias (incluido el libre albedrío), vienen de ahí. Si somos honestos con nosotros mismos, si verdaderamente admitimos cuál es nuestro encaje básico en la realidad, en la vida, veremos que existen *dos* grandes tipos de experiencias, *dos* modos esenciales de sentirnos, que tiñen nuestras emociones y sensaciones, como supercategorías en las que toda experiencia pasada, presente y futura viene a caer: lo *placentero* y lo *doloroso*. En nuestra experiencia vital, todo aparece teñido por uno de estos dos tonos, con mayor o menor intensidad, y toda nuestra conducta viene a ser un extraordinario complejo despliegue de estrategias para obtener lo primero y eludir lo segundo. En última instancia, si analizamos la motivación de cualquier acto, descubriremos ahí, en el fondo, palpitante, la cuestión placer/dolor como dos constantes en el interminable cálculo de nuestras opciones. Por supuesto, sobre esta especie de *infraestructura material* (para adaptar a nuestro análisis la jerga marxista) se eleva toda una *superestructura cultural,* sofisticada, inteligente, muchas veces disimulada e hipócrita, que diluye la tosquedad puramente animal de los dos principios en una construcción socialmente aceptable, en una imagen personal convincente y más o menos coloreada por virtudes como la generosidad, el altruismo, la solidaridad o la entrega.

También la práctica meditativa se tiñe de inmediato con estas dos categorías. Y, de algún modo, *aprendemos* a meditar porque reconocemos lo agradable que es, lo placentero que resulta sentarse y aflojar, y dejar por un momento las tensiones y los problemas. *Toda* experiencia, recordémoslo, está teñida, y la meditación *también* es una experiencia. Pero (y esto es un hecho ineludible) toda experiencia cambia, y lo placentero y lo doloroso, antes o después, vendrán y pasarán.

En la práctica de la meditación aprendemos, pues, que la experiencia es cambiante, y que placer y dolor son el anverso y el reverso de la experiencia, por lo que, si tienes lo uno, necesariamente tienes lo otro. No se trata de una enseñanza muy diferente de lo que la mera experiencia de la vida nos proporciona. Pero en la meditación las cosas se presentan de un modo mucho más nítido. Al sentarnos y relajarnos, y al estar atentos, desencadenamos una cascada de sensaciones agradables. Este aspecto de la experiencia meditativa es muy adictivo, por lo que, sin querer, buscamos la meditación y buscamos *en* la meditación lo que nos proporciona placer. Queremos reproducir lo agradable. Queremos relajarnos, hundirnos en las suaves corrientes nerviosas que recorren el cuerpo. Nos involucramos en esa experiencia y deseamos tenerla una y otra vez. Si no se produce, nos sentimos mal. Frustrados. Pensamos: «Hoy la meditación no ha sido buena». Los aspectos positivos y agradables nos dan la sensación de que avanzamos, de que conseguimos cosas. Y queremos conquistar esa experiencia como algo permanente, como algo en lo que instalarnos para siempre.

No obstante, ninguna experiencia es permanente. Meditar puede ser muy agradable, y por supuesto no se trata de rechazar ese lado placentero de la meditación. Pero, antes o después, habrá sesiones "malas", momentos duros, difíciles. Van a venir. Sea cual sea la técnica, la escuela, la tradición a la que nos apuntemos, vendrán. El dolor físico y emocional. La frustración, el cansancio, el aburrimiento. El miedo. El despliegue de todos los tonos posibles de nuestra experiencia es inevitable, y a cada cual eso le ocurrirá de un modo diferente, personal, en función de cuáles sean sus tendencias, sus neurosis particulares, sus miedos. De modo que, también aquí, en la práctica, aparece lo negativo, lo que nos hace sufrir.

Es una lección dura de asumir: hemos llegado a la meditación buscando un refugio, un remanso de paz, una burbuja que nos aísle del dolor, que nos garantice que todo irá bien, que seremos siempre felices, y no es así. ¿Entonces? ¿Qué hacer?

LA LIBERTAD ES NO ELEGIR

Por supuesto, estamos reaccionando al modo dualista, intentando quedarnos con la cara de la moneda sin la cruz, lo cual es imposible. Nos aferraremos a lo positivo, a lo agradable, e intentaremos eludir lo desagradable, lo cual es lo que hacemos siempre, en nuestra vida.

Y lo que se nos pide que hagamos va en contra de todos nuestros instintos: en lugar de elegir lo agradable, no elegir. Abrirse a todos los sabores de la experiencia. No aferrar el placer ni huir del dolor. Soltar. Esto es un modo revolucionario de relacionarnos con la experiencia. E implica una idea completamente distinta de lo que es la libertad.

Habitualmente, creemos que la libertad consiste en la capacidad de elegir. Sin embargo, estamos empezando a ver que la elección continua implica tanto una huida como un aferramiento. Efectivamente, podemos elegir (¿podemos realmente?), o al menos tenemos esa sensación. Y, sin embargo, nuestras elecciones parecen estar *siempre* condicionadas. Por otra parte, ese estado, que denominaré de "elector potencial", nos envuelve en un conflicto permanente, en una lucha continua. Y *no puede* ser de otro modo. ¿Por qué? Porque elegir, en el contexto de nuestra existencia en el mundo de la experiencias, significa que estamos tratando de quedarnos tan sólo con un aspecto de la experiencia. Con lo que nos gusta. Con lo que nos promete algo. Con lo que nos proporciona placer, o alegría, o una sensación de plenitud. Elegir implica que no somos indiferentes a la experiencia pues, si realmente lo fuésemos, no tendríamos la *necesidad* de elegir. Así pues, *necesitamos elegir,* y eso quiere decir que el hecho de elegir implica, en sí mismo, que no somos libres. De manera que es exactamente al contrario de lo que creemos: elegimos no porque seamos libres, sino porque no lo somos.

¿Por qué? ¿Qué significa realmente que necesitamos elegir? Significa que el hecho mismo de la elección brota de una compulsión de la voluntad, de un desgarro de la experiencia. Por eso la elección no denota libertad, sino algo más primitivo que late por debajo de la apariencia limpia, lógica, dual de la elección que, para ser libre, debería enmarcarse en un escenario de igualdad entre las opciones, ante las que el ánimo no sintiera perturbación alguna. Pero no es así: deseamos esto, repudiamos lo otro. Las aguas profundas traen temor o anhelo. Pero, en la superficie, fingimos la libertad como garantía para el yo, como salvaguarda de la dignidad de lo elegido. Así, el fumador afirma fumar porque quiere y, si no lo hace así, si reconoce la quiebra de su libertad en un acto de sinceridad, también él aparece quebrado, partido, desmejorado en su autoestima. Por lo tanto, la necesidad de elegir indica la necesidad de lo elegido, e indica también que la elección, lejos de ser síntoma de libertad, no es más que una apariencia, un tosco remedo de la misma.

El otro extremo de la cadena de las decisiones son las consecuencias de los actos. Cuando el impulso de la motivación se alarga hasta las consecuencias –esperadas o temidas–, también ahí podemos barruntar que no hay libertad en la elección, que ésta no implica libertad, sino deseo o temor. Necesitamos elegir porque *deseamos* que se produzca algo, y la cuestión es que ese deseo nos esclaviza, nos ata en la mismísima medida en que, al no lograr lo deseado, nos sentimos desdichados; la supuesta libertad, entonces, es una abstracción, un paréntesis artificioso que finge no tomar nota ni de la necesidad originaria ni del resultado esperado. Por tanto, no es más que un ornamento, un adorno que nos complace, pero que es puramente ficticio, un concepto abstracto.

LA CUESTIÓN DEL LIBRE ALBEDRÍO

¿Qué ocurre entonces con la libertad? ¿Qué ocurre entonces con la noción de libre albedrío, y con la responsabilidad que conlleva? Ante lo dicho, podría objetarse que, precisamente, es porque suceden en un contexto de deseo y temor por lo que toman valor de libertad nuestras decisiones, ya que a veces se enfrentan y contradicen tanto lo uno como lo otro. Eso implicaría la existencia de un espacio íntimo, de una presencia de ánimo capaz de resolver nuestras decisiones más allá del peso del deseo o del miedo. Ese núcleo íntimamente libre de influencias sería la garantía del libre albedrío y el depositario último de nuestras responsabilidades. Además, esta hipótesis vendría refrendada por la existencia de un *sentimiento íntimo* de libertad, un sentimiento inalienable de ser dueños últimos de nuestras decisiones. Así, el yo sería en última instancia el sujeto que toma libremente las decisiones, el último tribunal de apelación de las mismas, y el "porque quise yo" la motivación última de cada acto. Mas, en realidad, se trata de una ficción. De una ficción singular, en efecto, pero no por ello deja de serlo.

Si observamos atentamente, ¿seremos capaces de *finalizar* en algún punto la cadena de nuestras motivaciones? ¿Seremos capaces de agotar el entramado de condiciones e impulsos que laten tras cada decisión tomada? En algún lugar, *arbitrario*, hemos de poner el Primer Motor, la Causa Primera, pues de no hacerlo corremos el riesgo, que ya había vislumbrado santo Tomás en otro contexto, de tener que remontarnos a una infinita serie de causas, lo cual incomoda y repugna a la razón. Tendríamos que reconocer que cada decisión tomada, en realidad, no nos pertenece, jamás nos ha pertenecido, pues viene impulsada por una cadena causal tan densa y alambicada que sería, en realidad, imposible manejarla, tenerla presente. Eso es lo que los budistas llaman *interdependencia* (o más bien un aspecto de ella): todo se encuentra entrelazado, no hay *nada* que sea independiente de todo lo demás. Por lo tanto, una decisión *implica* a todo lo demás. Y es, en consecuencia, una arbitrariedad postular la existencia de un yo que toma la decisión, que efectúa una elección pura. *Sentimos* que somos libres porque no experimentamos todo el encadenamiento de causas que subyacen a cada elección. Nuestra mente *selecciona* de la experiencia un aspecto de su propio material, con el que *se identifica*, rechazando todo lo demás, ignorándolo, y a partir de ahí confeccionamos nuestra propia interpretación de cada decisión tomada, nuestra sensación de ser *yo* quien decide. Mas, en cuanto se nos exige *responsabilidad* por nuestros actos, por ejemplo por un crimen o una falta, bien pronto acudimos a esa interminable red causal, y así apelamos a nuestros genes, a nuestra educación, a la influencia social, a que fuimos engañados o embaucados, a que estábamos bajo el efecto de drogas, etc. Entonces esa sensación de libre albedrío parece diluirse, se diluye de hecho en la red infinita de las causas.

¿No somos, entonces, responsables de nuestros actos? ¿Deberíamos librar de la cárcel por ejemplo a los asesinos, o a los violadores? Semejante idea parece echar abajo toda la argumentación precedente. Sin embargo, no veo ninguna razón para ello. Si el *yo* que actúa es arbitrario, la responsabilidad es, digámoslo así, impersonal. Es decir, sus consecuencias se aplican a las acciones, no a los *yoes*,[10] lo cual, por otra parte, es perfectamente congruente con la doctrina del derecho penal, según la cual lo que se castiga son crímenes, es decir, acciones, y no personas.

---

10. Ni que decir tiene que también la noción de karma puede explicarse de este modo: son las acciones las que generan karma. Claro que esta cuestión tiene ramificaciones muy profundas, que aquí no es posible abordar.

LO QUE OCURRE
REALMENTE AL MEDITAR

Pero al meditar se nos pide que no elijamos, es decir, que se elimine de facto ese núcleo arbitrario de la decisión y la elección que es el yo. Cuando tanto la experiencia placentera como la dolorosa deben ser aceptadas por igual, el libre albedrío pierde todo su sentido. Ya no *debemos* elegir. El *yo* que se erige en centro de operaciones, en referencia o tribunal último de las decisiones, aparece de otro modo dibujado en nuestra consciencia: el nudo nos muestra sus líneas de fuerza, la tensión que lo conforma. Observamos que, de hecho, mantenemos una relación de lucha constante con la experiencia, a la que antes llamábamos "libertad". Y que en esa relación de lucha el miedo era la emoción dominante. Así, el significado de "ser libre" era más bien el de estar en disposición de eludir lo desagradable y entregarse a lo placentero sin restricciones, o sin más restricciones que las impuestas por el ordenamiento social. Pero en la meditación la actitud es por completo distinta, y encierra en sí misma, también, una contradicción, la contradicción inherente a todo punto de vista relativo: la que conlleva el elegir no-elegir, o el intento torpe pero persistente del ego de hacerse cargo una vez más de las riendas del asunto.

En efecto, una vez más asistiremos al espectáculo de nuestro nudo "en acción", eligiendo lo que se supone que es bueno para nosotros, es decir, no-elegir. El intento de no elegir nos confronta una vez más con nuestra incapacidad para asir con un gesto de la voluntad aquello que está más allá de nuestro sentido de la identidad aislado y limitado. *Y la única manera de resolver la contradicción es, una vez más, abandonando.* El abandono de todo intento de ser libre sin elegir implica la comprensión de que la libertad, en efecto, *no es del yo*. No es el territorio del yo. Es el territorio de la consciencia, y la consciencia se manifiesta en toda su pureza cuando no hay elección, es decir, cuando hay una total aceptación de la experiencia. Aceptar que no podemos ser libres a voluntad nos lleva, paradójicamente, a la libertad, o más bien nos deposita de golpe en una dimensión de la consciencia que es *previa* a las elecciones, que *no necesita* elegir, que se siente plenamente en paz con lo que hay, sea lo que sea. La experiencia de la libertad es, entonces, una no-experiencia, algo previo a toda experiencia, a cualquier tipo de condicionamiento que surja de la situación que estemos viviendo. No es posible alcanzarla, y ése es el problema: queremos, anhelamos ser libres, y tratamos de conseguir la libertad en el terreno de la experiencia. De ese modo, lo que queremos son experiencias de un determinado tipo. Buscamos, luchamos, huimos, nos escondemos. Transformamos la cuestión de la libertad en una incesante lucha que nos lanza al futuro hipotético, pero se trata justamente de lo contrario: de quedarnos quietos con nuestra falta de libertad, con nuestro miedo, con nuestro sufrimiento, sin rechazar nada, sin buscar nada. Y ahí surge la libertad que somos.

Hacer no-haciendo

Se *es* libre. La libertad no es un objetivo que se debe perseguir, no es una meta del yo. Por lo tanto ya somos libres, si bien nuestra libertad esencial se encuentra oscurecida por el yo, lo cual quiere decir que, en realidad, y como ya hemos visto, la libertad no es del yo.

Para la mentalidad occidental, esto suena inevitablemente a inmovilismo típicamente oriental, a una especie de aceptación fatalista de lo que nos ocurre, sin la posibilidad de responder a los desafíos del medio ambiente, a los desafíos que nos plantea la vida. Suena a aceptar las enfermedades, las catástrofes, los sufrimientos propios y ajenos. Suena a indiferencia, a pasividad, a inmovilismo social y personal. Sin embargo, antes de incurrir en el tópico, es preciso que examinemos con cuidado la cuestión.

¿Qué ocurre en realidad al *aceptar* la experiencia? *Que perdemos el miedo.* Esta afirmación no es algo que deba ser aceptado por que lo diga yo, o el Buda. Es algo que debe ser comprobado empíricamente, experimentado: al aceptar lo que hay, sea lo que sea, entramos en una dimensión distinta de la mente y, por ende, en una dinámica motivacional absolutamente más creativa, menos constreñida. ¿Qué significa, de hecho, la aceptación? En primer lugar, y sobre todo, la aceptación involucra al despliegue incesante de nuestro organismo cuerpo-mente. Y, en segundo lugar, la aceptación implica la percepción del dinamismo de lo fenoménico, su comprensión, la comprensión de que todo es un proceso, de que todo está cambiando, de que nada es para siempre y de que, por lo tanto, de nada vale aferrarse o tratar de escapar. Nuestras *elecciones*, entonces, y teniendo en cuenta este doble aspecto, son reacciones de nuestro organismo, y responden al momento con claridad, realismo y lucidez, y jamás, en ningún caso, nos aferraremos a sus resultados. Surgen de un contexto de aceptación relajada del propio modo de funcionar y de una comprensión realista del modo en que funcionan las cosas, los fenómenos. La propia acción es su recompensa, y no brota atada a sus consecuencias, perfilada por nuestras expectativas, sino *libre* de ellas. Y ésa es una manifestación genuina de la libertad que somos.

¿Significa eso que estamos condenados a una especie de quietismo indiferente a los resultados? No. Somos criaturas llenas de curiosidad, y la acción, la manipulación, la construcción, la creación son parte de nuestro acerbo biológico y cultural. No van a desaparecer estos impulsos porque nos situemos en el plano de la libertad, de la aceptación. Simplemente, van a manifestarse en un contexto sin conflictos, libre de ansiedad por los resultados. Las acciones *son también parte de la experiencia*. Las contemplamos así, y dejamos que fluyan sin crispación, sin aferramiento, viviendo el momento de actuar con una intensidad insólita, imposible de percibir cuando nuestros actos se generan en guerra con el mundo. La enfermedad y el dolor impulsan asimismo una respuesta innata, que también brota de acuerdo con las circunstancias. Lo que desaparece es el miedo irracional, la angustia, el rechazo. Del mismo modo que *sucede* la enfermedad, *sucede* lo que hacemos para curarnos. Si nos duele la cabeza, nos tomamos una aspirina, y tanto lo uno como lo otro son una experiencia que vivimos con aceptación, pues no se trata de aferrarse al dolor o a una idea previa de lo que debemos o no hacer. De ese modo, nos instalamos en lo que los taoístas llaman *wei wu-wei*, hacer no-haciendo, es decir, dejando que las cosas se hagan en nosotros, a través de nosotros, más bien que sintiendo la compulsión de tener-que hacer continuamente algo.

HACIA DÓNDE VAMOS

La meditación, pues, se convierte en un paradigma de no-elección, de libertad en acción. La propia meditación, que obedece sin duda a un impulso dualista en su motivación original, deconstruye ese impulso y acierta a instalarse nuevamente en el territorio de la no-elección, de la pura consciencia. En una sesión de meditación, por ejemplo, aparecerán experiencias desagradables, y éstas serán contempladas con ecuanimidad. Ya *no* se medita para estar a gusto, para experimentar sensaciones agradables, placenteras. Éstas aparecerán, mas cuando aparezcan, se las dejará pasar sin aferramiento, sin perseguirlas. También el dolor, el miedo, cualquier forma de experiencia desagradable que surja al meditar es aceptada. Hemos deshecho el nudo, el nudo que nos ata a las consecuencias de la acción, a las expectativas creadas por la mente, y al hacerlo nos hemos adentrado un paso más en dirección hacia lo que verdaderamente somos: consciencia libre, desprovista de ataduras.

También, por la misma razón que apuntábamos, este segundo nudo se disuelve porque, en el fondo, es ilusorio: no es la elección lo que nos hace libres, sino la no-elección, y por lo tanto ni siquiera el planteamiento de elegir no-elegir tiene sentido. No es ahí donde radica nuestra libertad.

¿Y hacia dónde apunta todo esto? ¿Hacia dónde nos va llevando esta meditación que se disuelve, que se deconstruye a sí misma? En realidad, al hacerlo, al irse desmontando, la meditación también va paso a paso desmontándonos a nosotros, desmontando la ilusión de ser seres sustanciales, "reales", con entidad propia autosubsistente. Pues en ese desmontarse de la meditación lo que se muestra en realidad es la naturaleza impersonal de la consciencia o, dicho de otro modo, el hecho de que lo que somos está más allá del cálculo, de la intención de la voluntad, del deseo. Perseguir lo agradable nos lanza al *samsara,* a la rueda de los fenómenos: si la empujamos, sólo conseguimos que gire una y otra vez. Si nuestra meditación se hunde en el *samsara* –y lo hará–, girará muchas veces, girará sin remedio. Pero en la meditación estamos observándolo todo. Y al observar nuestra persecución, estamos observando al ego en acción, lo cual es precisamente algo que el ego no puede hacer. En ese momento de observación no estamos actuando como egos, no nos estamos identificando con la energía emocional de sus actos, sino que estamos siendo algo distinto...

Y así también la meditación deviene pura nada, puro vacío inútil, un no-hacer que ni siquiera elige no hacer, que no elige y que, al no elegir, se disuelve en sí misma. La meditación, nuestra elección primera, desemboca en una nueva contradicción, o más bien revela la contradicción real de creer que somos alguien que elige. ¿Por qué? Veámoslo de otro modo: en la meditación "elegimos" ser consciencia, pero ser consciencia es no elegir. De manera que nuestra elección primera, es decir, tornarnos conscientes de lo que hay, atentos a lo que ahora es, muy pronto se encuentra ceñida al radio de acción del ego, que es plan, cálculo, causa que surtirá un efecto; y si ahondamos ahí, y nos sumergimos en la vastedad del no-elegir, nuestra pequeña elección de meditar ya no es "nuestra" elección, ya no es algo que elegimos hacer, sino algo que ocurrió, un suceso que tuvo lugar bajo la forma "yo elijo", mas no, en realidad, lo que pretendemos que fue... Es, pues, hacia el ego hacia donde todo apunta en la meditación, pues es de esa ilusión básica de donde brotan todas las ilusiones, y con ella la ilusión del sufrimiento, que es la que realmente inquieta y nos motiva...

TERCER NUDO:
TIEMPO, ILUMINACIÓN Y MUERTE

Forma del nudo: es posible alcanzar
la Iluminación en el tiempo.
Disolución del nudo: la Iluminación no es en el tiempo.
Está fuera del tiempo, que es miedo a la muerte.

Descanse y respire. Relájese: no hay nada que alcanzar, nada que conseguir, nada por lo que esforzarse: puede que, llegados aquí, a este lugar insólitamente cercano al ojo del huracán, al punto equidistante de todo, donde nada se mueve pero el movimiento de todo es contemplado, se encuentre el lector, en su práctica, con la paradoja de las paradojas, esto es, con la invitación a abandonar su meditación y su práctica como condición indispensable para "alcanzar" la Iluminación. Puede que, por tanto, se le diga y repita que el último obstáculo para obtener la Iluminación sea el deseo mismo de obtener la Iluminación, y que esta revuelta del nudo de la meditación se antoje insuperable, indisoluble, porque el lector, como todos, siente fuertemente anudado en lo más hondo de su ser el anhelo de alcanzar algo, de escapar del dolor permanente y sordo de su vida y liberarse, al fin, del miedo y la ira, del dolor y la envidia, del deseo interminable y la igualmente interminable frustración. ¿Y cómo abandonar la Búsqueda si en las entrañas aúlla el deseo, el inacabable afán de conseguir cosas, que conforma no sólo nuestra psique, sino el trasfondo entero de nuestra cultura?

No obstante, llegado este punto, este momento clave, tal será la demanda real que surgirá en el meditar, y antes o después a ella habrá que enfrentarse, o más bien abandonarse, sin que eso presuponga un abandono *real* de nada, sino todo lo contrario: el abandono de lo ilusorio, de lo que no es real. Pero es preciso que las vueltas y revueltas de este nudo sean expuestas y mostradas con la mayor claridad posible para que pueda siquiera un poco aflojarse el nudo y así, en la comprensión, pueda el lector soltar los lastres más profundos, las más arraigadas tensiones.

Nos hallamos, pues, ante un "último" nudo, y es preciso advertir una cosa: es éste el nudo más complejo de todos, el más enrevesado y difícil, y esto en un doble sentido: por un lado, porque sus vueltas y revueltas son muchas, sus cabos son variados, sus aspectos tan diversos como diversas son las personas. Y, por otro lado, porque la energía del nudo, lo que lo mantiene firme y atado, no es sino nuestra energía emocional, alimentada del temor más profundo de todos, el temor a la mismísima muerte, y es por tanto enorme la resistencia que nos encontraremos (no a deshacerlo voluntariamente, lo cual es imposible, sino a *verlo*, a *admitirlo*, lo cual es precisamente lo único que podemos hacer con él).

Por eso, de nuevo, debo advertir al lector de la complejidad necesaria que hallará en las próximas páginas, y que no será sino un reflejo de la compleja mentira de lo que hay dentro de nosotros.

El nudo gordiano

Pero permítaseme comenzar *mostrando*, sin más, el meollo mismo del nudo, en la confianza de que este recurso, el comenzar por al final, por lo quizás más oscuro y difícil, esto se vaya aclarando poco a poco, y así, que partiendo de lo abstracto y sin aparente conexión con los hechos, vayamos haciendo luz con los hechos mismos, con lo que el lector reconocerá como propio. ¿Y en qué estriba tanta oscuridad? Intentemos decirlo sucintamente: lo difícil es ver, o mostrar, la conexión entre realidades de rango distinto en apariencia, como lo son, por una parte, nuestras reacciones emocionales (nuestra *reactividad*), que son en esencia tiempo y muerte con, por otro lado, lo mencionado al principio, es decir, el afán que mueve e impulsa toda la búsqueda espiritual, el deseo de obtener o alcanzar la Iluminación. Pero, para comenzar, lo enunciaremos del modo más conciso posible: nuestra reactividad emocional, que es el meollo de nuestra personalidad, *es en esencia tiempo,* y la razón es que el tiempo es, a la vez, y psicológicamente, muerte e inmortalidad. De ahí que lo que ocurre *en* el tiempo, es decir, en lo fenoménico, *me* ocurre, ya que mi persona es tiempo, es fenoménica. Y de ahí, también, que yo anhele o proyecte alcanzar la liberación *en* el tiempo, es decir, como un aspecto más de la persona. Por eso resulta imposible abandonar la Búsqueda: porque es en realidad el abandono del afán que la guía o, lo que es lo mismo, el abandono del tiempo, del miedo a la muerte.

He aquí, expuesto del modo más sintético posible (aunque no, quizás, del más claro), el meollo del tercer nudo. Claro que, para desenredarlo, para recorrerlo, no bastará con teorizar y argumentar: para *verlo*, es preciso también que el lector se involucre en la búsqueda, y experimente por sí mismo lo que poco a poco iremos desbrozando.

La habitación 101[11]

Retrocedamos, sin embargo, un instante, con el fin de aportar cierta perspectiva. Aun antes de que se planteen estos desafíos, quizá desde el mismo comienzo de la práctica, habrá notado el meditador un fenómeno inquietante: una tendencia involuntaria a aflorar en la consciencia los conflictos ocultos de la psique, bien en forma de pensamientos incontrolables, de emociones indeseadas, bien como temores a los que cuesta gran trabajo enfrentarse. Son los bloqueos emocionales, las contracturas del carácter, las corazas y rigideces que nos condicionan en nuestro obrar, en nuestra conducta, en nuestras motivaciones. ¿Y por qué motivo ocurre así? Es ésta una cuestión de reequilibrio, de reencuentro con lo que nos es propio pero rechazamos porque nos causa dolor, de sanación de las fracturas de la psique. Jack Kornfield y Joseph Goldstein, en sus obras magistrales sobre la práctica espiritual, explican muy bien el proceso, los porqués, las resoluciones. El camino espiritual, o es emocional, o es del corazón, o no es tal camino. La búsqueda, por mucho que al principio lo creamos así, no es cuestión de resolver una serie de acertijos tipo *koan*. No es, tampoco, establecer unos condicionamientos agradables y placenteros, que sustituyan a los desagradables. Uno debe recoger todos los haces dispersos de su madeja existencial, debe desandar el camino que le ha llevado a ser lo que es, a estar como está. Si somos fríos, distantes, indiferentes, en algún lugar del camino nos dejamos olvidadas las emociones, los quereres y sufrires, y antes o después deberemos regresar a ese punto. Si somos temerosos, dependientes, hiperemocionales, en algún lugar reencon-

---

11. Uno no puede dejar de acordarse aquí de la famosa habitación orwelliana, donde los prisioneros del despótico sistema descrito en *1984* habían de enfrentarse a lo que más temían en este mundo.

traremos la fuente de nuestra fuerza interior, de nuestra auto-nomía. Viviremos, pues, episodios de intensa catarsis emo-cional, y sin duda alguna, el reintegrarnos con lo que los psi-cólogos junguianos llaman "la sombra" nos proporcionará fortaleza y energía para proseguir una búsqueda que va, sin embargo, mucho más allá de esos episodios emocionales.

Pero esto, además, tiene un significado que va más lejos de lo terapéutico, de lo psicológico. Es lo que Arnaud Desjardins llama "metapsicológico". El cierre de todas estas fracturas emocionales tiene un sentido muy profundo: nos muestra de qué modo estamos rechazando la experiencia presente, divor-ciados emocionalmente de lo que hay. Nos muestra que el he-cho de no estar "aquí y ahora", viviendo el presente, es una cuestión emocional, un *rechazo,* no una incapacidad intelec-tual. Y *rechazamos* el presente porque en él hay cosas que te-memos. Hay sufrimiento, y no queremos sufrir. De manera que tratamos desesperadamente de huir del presente, que es lo único real, para refugiarnos en nuestras construcciones ilu-sorias. Emprendemos una huida psicológica, una huida que cristaliza en nuestra estructura egoica, en nuestro carácter, en nuestra personalidad conflictiva y dividida.

Así pues, el camino de la deconstrucción nos muestra los nudos de nuestra confusión, pero además nos muestra, nos hace patente la *energía* de dichos nudos: son nudos *sensibles,* y su energía es dolor reprimido, sufrimiento del que huimos. Y la deconstrucción de esos nudos nos va a poner frente a frente con ese dolor reprimido, con ese sufrimiento funda-mental de la existencia: primero, con sus aspectos más super-ficiales. Poco a poco, como veremos, con los más densos y profundos. Ante eso, solamente nos cabe una opción: aceptar-lo. Aceptar el sufrimiento, lo temido, lo rechazado. *Acepta-ción* es la clave. Más adelante volverá a aparecer este térmi-no, y su sentido, espero, estará más claro.

Aun así, nuestra estancia en la habitación 101 no siempre implica un encuentro con lo desagradable: quizás más difícil que afrontar el miedo sea afrontar lo que nos provoca placer, lo que nos satisface y se realimenta de respuestas orgánicas agradables: la vanidad, el poder, el placer sexual... He aquí una fuente de "identidad" psicológica mucho más insidiosa, más difícil de desanudar. La razón es que, aunque doloroso, estamos más bien dispuestos a superar lo desagradable, pero ¿y lo que nos agrada? ¿Estamos dispuestos a cortar con lo que nos engancha desde el otro polo de la experiencia? No se trata, no tema el lector, de que el placer y lo agradable *desaparezcan* de nuestras vidas. Más bien, según nos iremos dando cuenta, lo que desaparecerá es una forma mucho más sutil y enrevesada de sufrimiento: el que proviene de nuestra adicción al placer.

En cualquier caso, iremos, poco a poco, desenvolviendo los nudos de nuestra biografía emocional, y eso nos hará más tranquilos y ecuánimes. Saldremos increíblemente fortalecidos de nuestro encuentro con el dolor y el miedo, y también con nuestras adicciones a lo agradable. Más maduros y abiertos al presente, a la experiencia de lo que hay. Pero este tercer nudo es mucho más complejo y decisivo que los anteriores. Su estructura llega hasta niveles muy profundos, y finalmente nos reserva un encuentro decisivo, del que hablaremos más adelante: el encuentro con la muerte, con el temor a la muerte. Pero antes aún hemos de desandar muchos pasos.

EL SINSENTIDO DEL SENTIDO

Aunque pueda resultar desalentadora, la siguiente declaración resume muy bien a qué me refiero: aquello con lo que, en definitiva, se irá encontrando el meditador, aquello que irá poco a poco comprendiendo, es que *nada tiene sentido*. He aquí, por supuesto, otra de las paradojas de la meditación, que merece la pena considerar con detenimiento (sobre todo, dado que la propia meditación es la más desesperada y elevada búsqueda del sentido de la vida, de la existencia entera).

Comprendo que esta afirmación pueda resultar difícil de admitir. ¿La vida no tiene sentido? Entonces, ¿para qué luchar? ¿Para qué practicar? ¿Para qué intentar conocerse uno a sí mismo? Es obvio que esta afirmación requiere una aclaración. La idea de que la vida *no tiene* sentido no debe entenderse como una declaración "pesimista", ni como una desalentadora conclusión ante los innumerables "sinsentidos" de la existencia, como el hambre en el mundo, el dolor, la enfermedad o la muerte. Esto es un planteamiento maniqueísta, una especie de proyección del eterno motivo de la lucha del Bien contra el Mal resuelto a favor del Mal. Así, decir que la vida no tiene sentido equivaldría a afirmar que la vida es absurda, una tragedia cósmica condenada a desaparecer sin dejar rastro, una broma de mal gusto que la Materia y el Azar han gestado a lo largo de eones. Y no es eso lo que quiero decir. Más bien lo que no tiene sentido es, precisamente, la cuestión del "sentido de la vida", o la cuestión *subyacente* a ese planteamiento dicotómico, según la cual, o la vida obedece a un propósito *externo* (por ejemplo, a un Plan Divino), y entonces *sí* tiene sentido, o no obedece a ningún objetivo, y entonces *no* tiene sentido y todo es absurdo. Este planteamiento, afirmo, *no tiene sentido*. En realidad, lo que no tiene sentido es tratar de objetivar la vida, de convertirla en un concepto, en una idea dentro de un entramado de ideas. Cuando decimos, por ejemplo, que la vida es "un don" que tenemos, por desgracia estamos asumiendo ese error básico. No "tenemos" la vida. No tenemos "una vida". La vida no es una cosa. *Somos* la vida. La diferencia de matiz es esencial. Por eso, afirmo que no tenemos sentido. No hay algo allá fuera que le dé sentido a lo que tenemos, este "don" de la vida. Pero sí *somos* sentido. Podríamos decir, pues, que el sentido de la vida es la vida. Sin más. Y que, por lo tanto, no hay nada que buscar, nada que conseguir, ningún propósito que alcanzar.

Así pues, no debemos "conseguir" la Iluminación, si por ello entendemos que hay algo fundamental que nos falta y que debemos alcanzar para ser felices. La Búsqueda espiritual es ¡un fraude! Podría decirse que es el fraude más gigantesco jamás perpetrado, en el cual el timador y el timado... ¡son lo mismo!

No obstante, soy perfectamente consciente de que esta serie de afirmaciones suenan gratuitas a los oídos del lector. En realidad, me estoy adelantando, desde un punto de vista lógico, y presentando las conclusiones antes que las premisas. Al menos, que *todas* las premisas. Falta algo, y ese algo que falta para poder percibir con claridad y distinción lo que afirmo es precisamente lo que uno mismo va descubriendo a lo largo de su meditar, de su camino de vuelta a lo que es. Por eso, es preciso que volvamos a situarnos en el meollo de la cuestión, en la práctica concreta de la meditación, y ver entonces qué descubrimos, y cómo ese descubrimiento paulatino acaba con la idea del sentido, del sentido de la meditación, primero, y del sentido de la vida, después.

LA VIDA ES SUEÑO

Es preciso que efectuemos, en este punto, un *excursus* que puede parecer, acaso, fuera de lugar. No obstante, espero que, en definitiva, acabe por resultar perfectamente justificado a los ojos del lector.

Si apenas hemos mencionado a lo largo de este libro técnicas y experiencias meditativas concretas, ha sido por la voluntad inicial de situarnos, respecto a dichas técnicas y tradiciones, en un plano de relativa independencia, en lo que podríamos denominar el mínimo común de cualquier técnica y escuela. Ahora, sin embargo, me siento inclinado a introducir una serie de referencias a prácticas y experiencias específicas, y el motivo no es otro que el de aportar con ello un matiz de intensidad descriptiva que espero ayude al lector a seguir con claridad mi argumentación (y, por supuesto, a impulsar e inspirar su propia práctica).

Para no resultar demasiado tedioso en los prolegómenos, resumiré lo que considero puramente accidental: por una serie de razones que no vienen al caso, experimenté, a lo largo de varios meses de mi práctica meditativa, un fortísimo impulso hacia la exploración del mundo de los sueños, en concreto centrada en el tema de los sueños lúcidos y del yoga de los sueños. Dicho interés se concretó, primero, en la lectura de varios libros sobre el tema.[12] Ni que decir tiene que el enfoque tibetano acerca de la cuestión de los sueños y su utilización como práctica meditativa es tan complejo y laborioso que, sin la ayuda de un maestro cualificado, difícilmente podría ser abordado. Por esa razón, y porque se me imponía con rotunda claridad la necesidad de profundizar en esa cuestión, puse en práctica sin más tardanza las técnicas y consejos del que llamaremos, sencillamente, "el enfoque occidental". Comencé a escribir un diario de sueños en el que anotaba, todas las mañanas, los sueños que había tenido la noche anterior. Y comencé a incubar sueños lúcidos. Existen diversos métodos para inducir los sueños lúcidos, y el lector interesado en el tema encontrará descripciones perfectamente claras en los libros que he reseñado en el apéndice I. Lo cierto es que es cuestión de paciencia y persistencia que se produzcan los sueños lúcidos. Un sueño lú-

---

12. Véase apéndice I.

cido es aquel en el cual el soñador *reconoce, en el transcurso del sueño, que está inmerso en un episodio onírico*.

Mis experiencias a lo largo de los primeros meses fueron una sucesión de largas frustraciones y períodos explosivos de lucidez onírica. Pero lo que me interesa resaltar son dos cosas: en primer lugar, la explosiva experiencia *consciente* de la lucidez onírica. Aunque no ocurre siempre, la aparición de lucidez en un sueño suele venir acompañada de una sensación increíble de intensidad perceptiva, de luminosidad y exaltación. También de alegría y de un sentimiento incontenible de libertad. En mi caso, cuando era consciente de estar soñando, no era raro que mi "personaje" onírico comenzara a cantar alegres canciones. En otras ocasiones, mi ocupación favorita era volar en sueños, o simplemente contemplar fascinado el espectáculo del propio sueño, la increíble escenografía pergeñada por el cerebro sin la presencia de estímulos "externos". Puedo asegurar que se trata de una de las experiencias más fascinantes que es posible tener.

La segunda cosa que quiero resaltar es que el estado de consciencia de la lucidez onírica es muy *contagioso*. Quiero decir que se traslada con suma facilidad al estado de vigilia. Y he aquí, quizás, lo más importante. En su libro *El yoga de los sueños*, Tenzin Wangyal Rimpoché propone una serie de "prácticas de cimentación" para el yoga de los sueños, una de las cuales consiste, precisamente, en extrapolar ese peculiar tono de la consciencia lúcida onírica a la vigilia: a las percepciones, a los recuerdos, a las reacciones emocionales y los pensamientos; en suma, a todas las experiencias de la vigilia.[13]

---

13. Tenzin Wangyal considera esta práctica como "muy poderosa". También Nisargadatta, el sabio hindú cuyas charlas recopiladas en varios libros constituyen uno de los grandes tesoros de la espiritualidad contemporánea, menciona como una práctica "liberadora" el considerar la vigilia como un sueño. En general, la tradición Advaita (No-dualidad) viene a equiparar la vigilia con el sueño, en

Pues bien, cuando me sumergí en dicha práctica se produjo lo que podríamos calificar como un espectacular salto cualitativo en la práctica meditativa. De alguna manera por completo impremeditada, las técnicas de cimentación se solaparon a la perfección con mis meditaciones, especialmente con las caminantes. La sensación de hallarme inmerso en un sueño era especialmente intensa si la noche anterior había tenido uno lúcido. A veces, me asustaba el sentido de irrealidad que emanaba de esa forma de meditación. En otras, me sentía exaltado, ligero, relajado. En resumen, pronto hallé que se trataba de un instrumento sumamente eficaz para tomar consciencia del acto consciente en sí, para lo que podríamos llamar "generar espaciosidad", una especie de transparencia en la que observar con ecuanimidad y "distancia" las situaciones, las experiencias, los pensamientos.

Sería, quizás, demasiado prolijo detallar ahora con precisión el modo en el que dicha práctica me ayudó a revelar algunos de los nudos más enredados de la psique; por ahora, debo referirme al aspecto digamos "filosófico" que subyace a la misma, es decir, la pretensión de que la vida "es sueño", su sentido y su alcance. Quizás lo más relevante es que no se trata, ni con mucho, de una mera metáfora, de una imagen alegórica con la que insinuar poéticamente qué es la vida. Su alcance va mucho más allá, aunque no hasta el punto de considerar que la experiencia onírica REM y la experiencia de la vigilia sean *lo mismo*, de igual modo que una experiencia dolorosa y una experiencia musical, pongamos por caso, *tampoco* son lo mismo. No son lo mismo, excepto, claro, por el hecho de que *ambas* son experiencias. Quiero decir que tanto la experiencia del dolor como la experiencia auditivo-mu-

---

el sentido de que ambos estados de consciencia desencadenan un sentido ilusorio de lo que es real.

sical son construcciones activas de la mente a partir de ciertos estímulos. El carácter de *experiencia* es precisamente
lo que quiero resaltar. En todas nuestras experiencias estamos involucrados *activamente*, pero en un sentido que, en
terminología kantiana, llamaríamos *trascendental,* es decir,
previo, a priori respecto a la experiencia. Nuestra mente (to-
mando el término en un sentido casi fisiológico: nuestro aparato sensorio-cerebral) elabora una serie de datos o estímulos
(que previamente son considerados como mera energía bru-
ta) y los presenta a la consciencia (digámoslo así para enten-
dernos, aunque no sepamos exactamente cómo se produce el
fenómeno) en forma acabada, elaborada. Así pues, lo que llamamos la realidad, toda la información perceptiva que nos
circunda no es más que experiencia nuestra, elaboración de
nuestra mente. No es algo que exista *independientemente*
de nosotros.

Trasladamos ahora esta consideración previa al par sue-
ño/vigilia. El sueño REM es la demostración de la capacidad
de nuestra mente para elaborar una "realidad" en apariencia
externa pero ficticia. No obstante, la sensación de "realidad"
que lo acompaña es absolutamente sólida. La sensación de
"realidad" que acompaña a nuestra experiencia de vigilia es
también muy sólida, mucho más si tenemos en cuenta que la
experiencia de vigilia puede ser, hasta cierto punto, compar-
tida, y que genera, por otra parte, "consecuencias lógicas", lo
cual quiere decir que su estructura y dinamismo es hasta cierto punto inteligible racionalmente (cosa a la que el sueño parece resistirse). No obstante *también* la realidad experimentada en estado de vigilia es fenoménica. *Todo* puede reducirse
a mera experiencia: las percepciones, los pensamientos y recuerdos, las emociones. Todo comparte esa naturaleza común,
la de ser algo experimentado por alguien. No existe *nada* que
no sea experiencia de alguien, por sólido, autónomo y real que

parezca.[14] Así pues, la *misma* irrealidad esencial que atribuimos al sueño debemos atribuir a la realidad percibida en el estado de vigilia. Esto no quiere decir que lo que yo ahora mismo veo (una mesa, el teclado del ordenador) sea una "alucinación" mía, sino que dicho objeto no tiene "realidad", entendiendo por realidad el que su existencia sea *independiente* de mí, es decir, de *cualquier* observador. Podríamos decir, pues, que la existencia de este objeto, de cualquier objeto, no es absoluta, sino relativa: depende de todo lo demás para darse, para que aparezca. Depende de condiciones "materiales", depende de la existencia de un observador. No es independiente.

Así pues, todo es experiencia. Podemos entender esto desde un punto de vista intelectual. Pero el problema surge cuando intentamos "saborearlo", "vivirlo". Pues no se trata de una teoría idealista acerca de la realidad, ni de argumentar a partir de ahí para llegar a una serie de conclusiones. Se trata de instalarse a través de la vivencia en ese conocimiento, se trata de "realizarlo", es decir, de penetrar en sus consecuencias vitalmente, de dejar que ese conocimiento ilumine nuestra ignorancia, sustituya los habituales prejuicios instalados aquí, en nuestra mente. Por eso el sueño lúcido es importante: nos brinda un tono, una textura, un sabor, una vivencia más que un concepto. Podemos usarlo para generar lo que podríamos llamar una "experiencia psicodélica", una especie de intensificación de la percepción, por medios completamente inocuos.

14. Como ya señaló Brentano, toda consciencia es consciencia-de. Fue Husserl quien, años más tarde, completó la ecuación. Si toda consciencia es consciencia-de-un objeto, todo objeto es objeto-para-una consciencia. En efecto, todo cuanto se presenta en la existencia se presenta para una consciencia, sea en forma de percepción directa, recordada, imaginada o solamente supuesta. Es decir, todo cuanto existe comparte esta condición: la de ser un fenómeno o, lo que es lo mismo, una experiencia de una consciencia.

Y una vez que sintonizamos esa frecuencia, que saboreamos –muy, muy superficialmente al principio– la vida de esa manera, puedo asegurar que ya nada es igual. Se inicia un proceso imparable de conocimiento, de desvelamiento, de profundización en esa intuición originaria. Un proceso de descubrimiento que es, también, una verdadera "deconstrucción interior", una capacidad de ver lo que somos, el entramado de nuestros prejuicios ontológicos, de nuestras ficciones, de nuestro ego. Y una de las primeras cosas que va a desanudarse, a deconstruirse, es la eterna persecución de metas, de objetivos. La eterna búsqueda de felicidad, nuestro apego a los objetos y objetivos, por elevados y altruistas que nos parezcan, por nobles y sinceros que sean en apariencia.

CAMINANDO SOBRE UN ESPEJISMO

¿Y qué es lo que, a estas alturas, demanda la meditación, lo que en el meditar concreto se nos presenta como exigencia de comprensión, de realización? Si examinamos con criterio amplio las diversas tradiciones y *sadhanas,* o senderos de búsqueda, veremos que se trata de comprender, de *realizar* lo insustancial de la vida, de nuestra experiencia vital, lo cual desembocará, antes o después, inevitablemente, en la comprensión de la insustancialidad del yo, del núcleo mismo de nuestra identidad. En la meditación *vipassana* del budismo *theravada*, ahora es el momento de intuir la impermanencia de los fenómenos, su interdependencia, la ausencia del yo. También podríamos decir que es el momento en el que el buscador empieza a desligarse de los fenómenos, de las historias fenoménicas, y comienza a identificarse con la consciencia de dichos fenómenos, con lo que atestigua dichos fenómenos. Quizás sea también el momento de las mayores dudas: el buscador empieza a darse cuenta de la ilusoriedad de sus estructuras, de sus creencias más sólidas, de sus identidades más profundas, y comienza a preguntarse quién es y a preocuparse porque no encuentra respuesta a esa pregunta. No encuentra, literalmente, *nada* a lo que agarrarse cuando su demanda de identidad y sentido es más clara, más intensa, y eso, aferrarse, agarrarse a algo, es lo que siempre ha hecho, es lo que siempre ha ocurrido en su vida.

Entonces se aferra a la meditación. Y uno, casi sin quererlo, se encuentra identificado con la meditación, y con las experiencias agradables y placenteras que ocurren al meditar, que son muchas y muy variadas. Y así, pese a que en el transcurso de la meditación se disuelven muchas falsas identidades, otras nuevas emergen, pero también es preciso soltarlas. También es preciso dejar de identificarse con la meditación, y, consecuentemente, también es preciso dejar de "meditar".

Pero vayamos por partes: lo primero que uno comprende es que el suelo sobre el que camina, por así decir (y por empezar por un ejemplo muy común), no es sólido, sino un espejismo, y que todo lo que ve, y oye, y toca son percepciones fenoménicas, puras experiencias sin sustancia. Al decir sin sustancia quiero decir *sin nada más allá de la pura apariencia*. Sustancia, en sentido aristotélico, es lo que está más allá de la apariencia fenoménica, de lo que cambia constantemente, lo que es soporte del cambio y lo hace posible, el *ser* de las cosas. Pues bien: no hay sustancia. De repente, el mundo pierde solidez: el mundo es un dibujo, una luz que crea figuras, una mágica ilusión. Y todo, *todo,* se está yendo, deslizándose continuamente. Todo fluye, como ya averiguó Heráclito. Habíamos creído que "algo" permanecía. Habíamos congelado el cambio cosificando los fenómenos, convirtiéndolos en objetos duraderos, en cosas con nombre y forma, en identidades, pero ahora *vemos* el cambio. Una ligera ansiedad puede apoderarse de nosotros, pues siempre hemos buscado lo permanente, lo estático, lo que no cambia, lo que nos da referencia y sentido, aquello a lo que podemos acudir en busca de seguridad, y ahora comprendemos que eso no existe. No es posible, pues, encontrarlo. Esto es *anicca,* la impermanencia que ya señaló el Buda. Todo es puro fenómeno, y lo fenoménico es por naturaleza inconsistente, fugaz, efímero. Una pompa de jabón, un relámpago, un sueño: así es el universo, tal y como el Buda señaló. Y nosotros estamos atrapados en ese sueño.

Recapitulemos: una vez que hemos afianzado nuestra atención, una vez que nos hemos liberado (al menos intelectualmente) de la ficción del esfuerzo, y que empezamos a observar lo que hay, encontramos que todo es insustancial, fenoménico. En un primer momento, podemos entenderlo respecto a las percepciones. Todo lo que percibimos es fenómeno, experiencia. Nada es sustancial. Todo es impermanente: por lo tanto, de nada vale que nos aferremos. Y de nada vale que nos enfademos si las cosas no son como nos gustaría que fueran.

ENFADARSE CON *SHRECK*

Lo siguiente que ocurre es que comprendemos la futilidad de nuestros esfuerzos por ser felices. Comprendemos que esta vida es como un sueño, que los fenómenos ocurren siguiendo sus propias leyes y pautas, y que hemos estado consumiendo una ingente cantidad de energía tratado de modificar el curso del sueño según nuestros deseos. ¡Hay pocas cosas tan liberadoras como ésta! Es como si hubiéramos ido al cine y, viendo la película, olvidándonos de que se trataba *sólo* de una película, de personajes ficticios, de situaciones ficticias, nos enfadáramos con los personajes y les gritásemos para que hicieran lo que nos gustaría que hicieran.

En efecto: si todo lo que percibimos es fenoménico, todas las situaciones en las que nos vemos envueltos son fenoménicas. Son insustanciales. No contienen sustancia, no dan felicidad. Es *inútil* que nos enfademos con ellas, o que las anhelemos desesperadamente. Y absurdo, y hasta cómico. Ahí no hay nada. Por supuesto, hay situaciones agradables y otras desagradables. Nuestra sensibilidad es apta tanto para el placer como para el dolor. Tenemos nuestras preferencias, determinadas por nuestra genética y nuestra educación. Dentro del sueño somos activos, tomamos "decisiones", buscamos cosas. Pero si interpretamos que en esas decisiones y búsquedas nos jugamos nuestro destino, *si creemos que el sentido de la vida se encuentra ahí, en lo fenoménico*, sufriremos enormemente. Y, en efecto, sufrimos enormemente. Puede que tengamos buena suerte, y que nuestros deseos se cumplan, y que alcancemos nuestros objetivos. No obstante, aun así, acabaremos frustrados y sufriendo, pues una de las características de lo fenoménico es que *nada* es duradero, estable, permanente. Apostar por lo fenoménico, por lo aparente, por lo insustancial, es una apuesta perdida. No es ahí donde se encuentra nuestra realización, no es ahí donde se encuentra "el sentido de la vida". Por eso decía al comienzo que la vida no "tiene" sentido: más bien la vida *es* sentido, y para que ese sentido se exprese, se manifieste, no hay que perseguirlo, no hay que perseguir nada. Veamos esto más lentamente.

Nuestros planes más meticulosos, nuestros cálculos vitales, nuestras estrategias y artimañas para ser felices se revelan, en consonancia con lo dicho, como fenómenos entre fenómenos. Eso explica la interminable sucesión de pequeñas frustraciones, reveses, contratiempos y dificultades en que parece consistir la diaria persecución de la felicidad: tenemos un hambre que lo fenoménico no puede, jamás, saciar.

Pero es preciso que observemos meticulosamente todo el proceso. Porque esta comprensión, en principio válida y enormemente liberadora no es, en sí misma, suficiente. *Volveremos* una y otra vez a enmarañarnos en las situaciones fenoménicas, sencillamente porque los engranajes de nuestra máquina psicosomática están dispuestos de ese modo, y no es posible desarticular su estructura *a voluntad*. Lo que ocurrirá, casi con toda seguridad, es que, tras un primer momento de comprensión liberadora, intentaremos aferrarnos a ese descubrimiento, y convertirlo en pauta de conducta, en objetivo, en *situación permanente*. Y de nuevo caeremos en el mismo círculo vicioso: buscando sensaciones positivas, sintiéndonos frustrados porque, sin control alguno, aparecen sensaciones "negativas", etc.

¿Qué hacer, pues? En realidad, la única respuesta válida es: nada. No hay *nada* que hacer, pues *cualquier* cosa que persigamos ya es, en sí, un proyecto de alcanzar la felicidad, de realizar el sentido de la vida, mediante un fenómeno. Y eso no nos va a proporcionar ninguna respuesta. No obstante, sí que hay *una tarea* que efectuar: lo que imperiosamente se nos presenta es la necesidad de comprender y percibir la totalidad de nuestro condicionamiento, es decir, de ver con una atención despierta de qué modo nos enzarzamos continuamente en esfuerzos por conseguir algo, por perseguir sombras.

LA ARQUITECTURA DEL ENGAÑO

Debemos, pues, ver lo ilusorio, ya que lo verdadero, la Verdad, no puede "ser alcanzada". Nuestra única tarea posible es una exploración de nuestra propia mente, de sus mecanismos, de sus resortes. Una vez que comprendemos la naturaleza fenoménica de nuestras percepciones, de nuestras situaciones vitales, debemos enfrentarnos a la tarea de vislumbrar la arquitectura interna de nuestras *reacciones, porque son éstas, nuestras reacciones, las correas a través de las que nuestra energía configura una apariencia, una ilusión de "realidad" que nos mantiene atrapados.*

Como afirma Arnaud Desjardins, si queremos escaparnos de una cárcel, lo primero que debemos saber es cómo es la cárcel. Debemos conocerla hasta el último detalle. Debemos, pues, conocer nuestra cárcel mental, y nuestra cárcel mental está hecha, principalmente, con *reacciones emocionales.* Esto podría llevarnos a la errónea conclusión de que debemos reprimir nuestras emociones, y en realidad se trata de todo lo contrario. Tenemos que comprender de qué manera las situaciones que vivimos nos agarran, y para eso debemos *ver* cómo reaccionamos, mas sin intervenir en nuestras reacciones. No se trata de *impedirlas,* ni de luchar contra ellas, sino de verlas, ver cómo actúan, cómo funcionan, qué las desencadena, qué conglomerado de creencias, deseos, expectativas inconscientes se articulan ahí, en nuestro modo de reaccionar. Pero no debemos plantearnos cosas como tratar de eliminarlas, o tratar de reaccionar "positivamente". No es nada de eso, y aquí es preciso que seamos muy finos, muy sutiles, grandes observadores de nuestra realidad interna. De hecho, iremos a parar ahí en cuanto nos descuidemos. Si nos enfadamos, por ejemplo, se trata de una emoción desagradable, y trataremos de librarnos cuanto antes de ella. Tenemos la imagen mental de que debemos ser ecuánimes y tranquilos, y entonces intentaremos sustituir el enfado por una emoción positiva, como la calma o quizás la indiferencia. Pues bien: no se trata de esto. Por el contrario: debemos considerar que nuestro enfado está bien, que es lo que es y que, al ocurrir, al manifestarse, simplemente, lo hace porque existen las condiciones que lo hacen posible. Es un fenómeno más, y como tal debemos verlo. Debemos ver cómo se articula con una serie de condiciones previas. Por ejemplo, yo espero que alguien se comporte de una determinada manera. Deseo que mi hijo se muestre dócil, educado, disciplinado, obediente. Se están generando unas condiciones determinadas, un ambiente determinado. Luego la conducta de mi hijo no responde a lo que yo deseo, y reacciono con ira. Estoy cansado, irritable, y una pequeña situación genera un gran enfado. El enfado, en sí mismo, surge de una serie de condiciones que lo hacen posible, y que se articulan entre sí. A esto es a lo que se puede denominar *implicarse* con las situaciones, identificarse con ellas, o más bien con determinados aspectos de las mismas. Y nuestra tarea es *observar* ese movimiento de implicación, lo que constituye en esencia nuestra reacción emocional.

Ahora bien: hay que seguir profundizando. Este nudo todavía permanece firmemente enredado, y es preciso desenredarlo por completo, escudriñar su resorte más íntimo. ¿Qué es, en esencia, *reaccionar?* ¿Qué ponen de manifiesto siempre, inequívocamente, nuestras reacciones emocionales? En primer lugar, y a un nivel superficial, una expectativa, un deseo, y una satisfacción o una frustración del mismo. En segundo lugar, y a un nivel más profundo, *una articulación temporal*. Cualquiera que sea el caso, el factor *tiempo* aparece involucrado. Una situación cualquiera en la que estemos implicados emocionalmente *siempre* conjuga la temporalidad de la acción. Mas eso, en sí mismo, ¿qué indica? Aquí comenzamos a penetrar en el meollo de la cuestión, y para hacerlo con tiento es preciso que vayamos muy despacio. Cuando hablamos de tiempo debemos precisar que se trata de lo que Krishnamurti denomina "tiempo psicológico", y que no es otra cosa que la proyección en la consciencia de las imágenes del pasado o del futuro con rango de "reales". Cuando uno habla de "mañana" o de "luego", se está refiriendo a algo con entidad propia, está confiriendo "realidad" a lo que no son más que meros conceptos, meras ideas. No obstante, es *absolutamente vital* para el ego esta "cosificación del tiempo". ¿Por qué? Veámoslo muy atentamente.

Una situación cualquiera implica siempre un cálculo temporal. Esto indica que nuestra conducta obedece a un patrón en el que *siempre* se encuentra presente el resultado, la consecución de un objetivo. Podemos analizar introspectivamente nuestros actos para advertirlo. Vivimos en una temporalidad cosificada, que se configura como una permanente motivación para la re-acción. El fundamento de esta temporalidad no es gratuito, ni mucho menos. Son los mecanismos mismos de la supervivencia biológica lo que aquí entra en juego, pero trasladados ahora a la esfera psicológica, a la esfera del ego, es decir, transmutados desde su naturaleza originariamente impulsiva a un complejísimo sistema de señales, de pensamientos, de conceptos, de ideas que configuran el entramado de nuestra reactividad. El binomio "bueno para sobrevivir/peligroso para la vida" adquiere aquí el matiz de "lo mío" (es decir, "bueno parara mí/malo para mí"), donde el "mí" es un sujeto histórico, es decir, un cuerpo con historia, con pasado, con un registro memorístico de lo desagradable y peligroso, de lo agradable y beneficioso y, por tanto, lleno de expectativas, lleno de futuro. Y, así, nuestras reacciones siempre emergen empapando emocionalmente la estructura interna *temporal* de las situaciones. Si esperamos conseguir algo y no tenemos éxito, reaccionamos con ira, o frustración, o tristeza. Si lo conseguimos, reaccionamos con alegría, o con orgullo. Así pues, esa temporalidad es, en esencia, emocional, identitaria, donde lo esperado siempre es una proyección de lo conocido *por mí*, de *mi* pasado. De manera que el "futuro" se encuentra construido con los materiales del pasado, de *nuestro* pasado, con *nuestros* temores y esperanzas, con todo el peso de *nuestra* experiencia acumulándose, configurándose como patrón de conducta, siempre en función de un resultado. Por eso, todo lo que ocurre en el tiempo *me* ocurre: porque la persona es tiempo.

En resumen: toda nuestra reactividad está constituida como recuerdo/proyección, como pasado/futuro, y esta arquitectura apunta a un sujeto invisible pero omnipresente: el ego. ¿En qué sentido? *En el sentido de que el ego busca su propio sucedáneo de inmortalidad en ese eje pasado/futuro, estableciéndose como denominador común de toda la situación, de todas las situaciones*. ¡Toda esta arquitectura temporal es tan sólo un modo de asegurarnos la permanencia! El resultado es, como ya hemos dicho, que todo lo que ocurre (potencialmente) *me* ocurre. Todo queda pues relatado en función de ese inquilino permanente de la consciencia, todo *me* sucede. Al adueñarnos del tiempo, al abrazar esta inmortalidad ficticia, basada en lo fenoménico, en realidad quedamos atrapados, enredados en una continua persecución de la felicidad futura.

En resumen: nuestra *implicación* con lo fenoménico, con el mundo ilusorio y cambiante es fundamentalmente emocional, pero esa implicación tiene una estructura y es preciso observarla, conocerla. Su naturaleza es básicamente el tiempo, el tiempo en su sentido psicológico. En el centro de esa estructura temporal está el ego y su esfuerzo permanente por mantenerse idéntico a sí mismo en medio de la vorágine de los cambios fenoménicos. ¿Cómo lo hace? Proyectándose continuamente en un futuro que está construido con los materiales de su pasado. Para ello, *trata siempre* de controlar las situaciones, de arrimarlas a sus intereses, en función de sus recuerdos y expectativas. Siempre está enzarzado en esa lucha, y el resultado es que *siempre* está insatisfecho.

Pero una vez que percibimos el mundo como *experiencia*, y que vemos que esa experiencia tiene una estructura temporal, en la cual estamos emocionalmente implicados, todo este entramado empieza a desmontarse. Ya no reaccionamos de un modo mecánico, automático. Podemos percibir de qué manera intentamos siempre controlar los sucesos, los fenómenos. Podemos percibir, pues, cuán asfixiante es nuestra cárcel, cuán estrechos y reducidos son los márgenes de lo que llamamos nuestra libertad. Y anhelaremos librarnos de ella, anhelaremos un espacio de verdadera libertad, de autenticidad. ¿Cómo disolveremos este nudo? Es precisa una gran seriedad, un gran empeño, porque, como veremos, en el fondo de este nudo se encuentra, ni más ni menos, el miedo más profundo y ancestral: el miedo a la muerte.

Observando el ego

Todo es fenoménico. Todo es experiencia. Todo es sueño. En nuestra observación de lo que hay, esto es lo que vamos descubriendo. Descubrimos que lo que percibimos es experiencia; que lo que pensamos y sentimos son fenómenos pasajeros; que nuestras reacciones, nuestra implicación con los fenómenos nos produce sufrimiento, y que esas reacciones, esa implicación es, también, fenoménica. Esto nos lleva a un curioso bucle: es preciso evitar *implicarse* en ella, en la propia implicación, lo cual ocurre si tratamos de cambiarla, o de suprimirla. En este estadio, penetramos de nuevo en la paradoja de la meditación: observamos el mecanismo de nuestra infelicidad, pero es preciso que evitemos cuidadosamente el afán de intervenir y corregir, pues estaríamos, sin pretenderlo, alimentando su energía básica. Lo esencial, lo importante, es permanecer tan sólo identificados con lo que observa. Seamos observadores de nuestro paisaje interior, sin intentar re-diseñarlo, cambiarlo. He aquí nuestra tarea.

Y, en ese paisaje, nos hemos dado cuenta de que existe un elemento preponderante: el ego. El ego es el señor del sueño, el personaje principal. Todo ocurre en función suya, y todo se ordena y se construye desde él y para él. Pero al observarlo todo como experiencia, veremos que *también* nuestro cuerpo es experiencia, una experiencia singular que nos acompaña siempre, que cambia pero que permanece, que siempre ha sido *fondo*, pero que ahora, poco a poco, pasa a ser *figura*.[15] Ahora el cuerpo es contemplado como parte de la experiencia, y sus sensaciones también. Y entonces podemos descubrir algo esencial: que el ego es también experiencia, experiencia que se expresa y se aposenta en las sensaciones del cuerpo, que anida, por así decir, en el cuerpo, que de alguna manera es su consti-tuyente principal, el más valioso y preciado de la identidad.

Así pues, estamos inmersos en la experiencia fenoménica, hasta el punto de que podemos llegar a descubrir que nuestra "identidad" egoica no es más que una experiencia más, un foco de sensaciones persistentes que apenas nos cuestiona-mos, en las que nos aposentamos. Entonces surge la cuestión "¿quién soy?" con avasalladora intensidad. ¿Quién soy, que observo ese supuesto "yo" que se identifica con el cuerpo, con las sensaciones, con un conglomerado de imágenes y concep-tos, de recuerdos y proyecciones (lo que podríamos llamar "el complejo-ego")? Uno de los momentos cumbre de la ex-periencia meditativa es éste. ¿Quién soy? ¿Quién observa todo esto? ¿Quién es el soñador del sueño, si el que yo creía suje-to, el que soñaba, el que tenía las experiencias, el que sufría,

---

15. En la teoría Gestalt sobre la percepción, la ley fundamental es la ley de figura/fondo, según la cual todo lo que percibimos son figuras llamativas que sobresa-len sobre un fondo sin relieve, siempre en un segundo plano.

el que padecía y se alegraba por lo que "le" ocurría, no es más que otra experiencia?

Esta pregunta, planteada en estos términos, no es una mera indagación intelectual, no tiene por objeto satisfacer una mera curiosidad teórica mediante conceptos. Es, aquí, una cuestión desgarradoramente acuciante, una inquietud que nos remueve en lo más hondo. ¿Quién soy?

Es muy probable que entremos, ahora, en una especie de juego reiterativo, en una búsqueda incesante de nuevas "sensaciones-yo", más y más sofisticadas y ubicadas en la consciencia. Es decir: tratamos de establecernos en una identidad lo más estable posible, en una experiencia que sustituya lo que estamos dejando atrás, que satisfaga nuestra demanda psicológica de apoyo, de seguridad, de sentido. En muchos momentos podemos sentir vértigo, una falta de apoyo, de suelo bajo nuestros pies. No obstante, todo eso, todos esos temores son engañosos, meras experiencias, fenómenos de los que somos conscientes. Si los observamos así, desaparecen, se esfuman como estelas abiertas en las aguas del mar. En realidad, no hay por qué abrigar ningún temor: no se trata de destruir nada, de abocarse al vacío, a la nada psicológica, como pueden hacernos llegar a temer nuestras fantasías atemorizadas. Todo, de algún modo, permanece tal cual ha sido siempre, y lo único que ahora ocurre es que, asustados, tratamos de manotear en busca de un apoyo que ¡nunca ha existido! Todo *es* igual que antes. *Nada* sustancial ha cambiado.

También es posible, en este punto, que tengan lugar intuiciones reveladoras, un conocimiento directo de nuestro entramado, de nuestro yo-nudo. Podemos ver con claridad hasta qué punto nos amamos a nosotros mismos, hasta qué punto estamos en realidad enamorados de nuestro yo. Como dice Nisargadatta, todo lo hacemos por amor a nuestro yo. Nuestra vida, nuestro trabajo, nuestra búsqueda de placer, todo se hace por amor al yo. Por lo que él llama la sensación-yo, el "toque" de yo-soy que habita en nuestra sensación corporal más básica, en lo que los hindúes llaman el cuerpo energético o *prana*.[16]

También es posible que observemos de qué manera nuestro "tesoro" es nuestra más pesada carga. De algún modo, nos sentimos responsables de esa sensación-yo, de cuidarla, de darle sustento y prolongarla. Tenemos esa terrible responsabilidad con el tesoro más preciado, que es el sentir que somos, que existimos, que estamos ahí, y todo en nuestra vida se dirige a ello. Simplemente es posible que lo veamos así, y que veamos entonces cómo de esa responsabilidad surge el sentido de ser los hacedores, los autores de nuestros actos, quienes deciden y toman sobre sus hombros la responsabilidad de existir y permanecer. Podemos percibirlo, enfrentarlo directamente, ver con asombro esa pesada carga, esa asombrosa mentira. Y si alguien nos dijera: «¿Está usted dispuesto a dejar de existir?», diríamos sin dudarlo: «Jamás». Y aún más: si nos dijeran: «Usted en realidad no existe», de lo más hondo de nosotros surgiría la respuesta: «¿Cómo que no existo, si es lo más evidente, lo más claro de todo?».

16. Es interesante mencionar que tanto para Nisargadatta como para Ramana Maharsi la *sadhana* más directa para la realización consiste en estabilizar la atención en la sensación-yo, es decir, en el yo puro, ajeno a todas las construcciones de la identidad social y personal. Cuando indagamos con más y más profundidad en la experiencia fenoménica, es un hecho que antes o después tropezamos con esa sensación-yo pura, sin nombre, previa a cualquier identificación. Por ejemplo, al percatarnos de nuestra identidad bajo los aspectos cotidianos, como "yo soy Ignacio, yo trabajo aquí, yo pienso esto o lo otro", vemos que existe, siempre, un denominador común, una sensación "yo" que es previa y que es el sustento de cualquier movimiento conceptual. A ésa sensación debemos dirigir nuestra atención, en ella debemos estabilizarnos, pues según Nisargadatta es lo único que siempre está ahí, el fenómeno universal, por así decir. Si nos fijamos en eso, si "somos fieles" a nuestro "soplo vital", como afirma Nisargadatta, éste se abrirá y finalmente se disolverá. Y entonces resplandecerá nuestra verdadera identidad.

TODO (ME) OCURRE

Así, es posible que se produzca un cambio asombroso, y que de la sensación de que todo *me* ocurre, pasemos en algunos momentos a la sensación, o más bien a la certeza, de que todo, incluido el *me*, simplemente ocurre, y así podamos ver y observar con una objetividad y una neutralidad absoluta y exquisitas todo cuanto antes, al ocurrir, me afectaba *personalmente*. Podemos asentarnos en eso que intuimos antes, al principio de meditar, cuando comprendíamos que la atención era imposible de dominar y fortalecer, en una atención pura en la cual, *dentro* de la cual, acontece ese fenómeno de fenómenos que llamamos "yo", que sentimos como "yo soy", y que es una pura sensación de existir.

Y podemos entonces percibir, con claridad asombrosa, que la vida, que el vivir es este estar envuelto en el tejido interminable de fenómenos vinculados, interdependientes, de entre los cuales el fenómeno "yo" es el sostén, el principio rector que da sentido a todo y lo sostiene todo. El vivir se revela entonces algo inigualable, una experiencia sensorial viviente y en flujo continuo, en lugar de una especie de escenario de formas concretas y etiquetadas. Todo se experimenta cambiando, moviéndose, y la sensación de uno mismo va y viene, perdiéndose a veces, regresando después, tejiéndose como una experiencia más, como una manifestación que surge y desaparece, surge y desaparece. Y así también empezamos a vislumbrar que el morir, lo que llamamos muerte, no es en realidad más que *parte del proceso*, que no es nada en realidad, y que la idea que tanto nos atemoriza y asusta, la de desaparecer en la nada, sólo es una ficción conceptual, una especie de imposición que el rigor de la lógica quiere imponer, pero que la percepción directa de las cosas desbarata. Vivir/morir son aspectos del proceso continuo de la experiencia, y si cada experiencia parece separada y efímera, el proceso mismo es en sí interminable y eterno, de modo que la idea de la muerte como abismo eterno de nada y ausencia aparece de pronto carente de sentido, una fantasía de la razón. En realidad, todo es vida/muerte, todo es manifestación que brota y se apaga, y es esa alternancia lo que hace que todo sea posible y se manifieste. Si pretendiéramos tan sólo la vida, negar la muerte, en realidad estaríamos negando la vida misma, pues son parte inseparable de lo mismo, y eso no nos conduciría más que a una vida falsa y devorada por el miedo, por un afán de destrucción proyectado hacia lo otro, pero que en realidad no es más que nuestra parte "muerte" asomándose al exterior de forma tergiversada.

LA MEDITACIÓN DECONSTRUIDA

Hagamos, en este punto, un inciso. ¿Qué ocurre entonces en la meditación? ¿Cómo es aquí el meditar, cuando tomamos conciencia de que todo, incluso el meditar mismo, es fenoménico y, en el fondo, ilusorio? De pronto, en el mismo proceso de meditar, uno se hace consciente bruscamente de que ese afán de iluminarse, ese afán de liberación, *es por completo ilusorio*. La visión obtenida alcanza de lleno al supuesto meditador que utiliza una herramienta con la que alcanzar un objetivo. No hay tal meditador, no hay tal herramienta, no hay tal objetivo.

Por fin la meditación como forma, como entidad/actividad (conceptual) separada, se disuelve en la nada. Ya no es parte del hechizo, ya no estamos involucrados con ella. Puede quedar como mero hábito, como costumbre, como expresión de nuestra naturaleza, mas ya no ponemos en ella todo el empeño, todo el ardor que poníamos. La meditación se ha deconstruido, y al hacerlo nos ha mostrado su artificio, que es el artificio, la mentira del yo que hace, que actúa, que busca y persigue una meta. La propia meditación, como escalera del ego, como técnica que el ego usaba, ha sido la que ha desvelado que ni hay ego, ni meta que el ego pueda alcanzar (iluminación). Por tanto, ¿qué sentido tiene seguir practicando? ¡Ninguno! ¡Y eso es precisamente lo maravilloso de la meditación! Ya no tiene sentido meditar, ni buscar nada a través de ella. No tiene sentido, no apunta a nada. De hecho, es abandonada, o más bien es abandonado todo su cortejo de reacciones y anhelos, toda la codicia espiritual que la acompaña, ese tremendo anhelo de *obtener* algo, de ser algo, de conseguir grandes logros.

Éste es un momento crucial. Lo más probable es que, en algún momento de nuestra búsqueda nos hayamos convertido en "meditadores existenciales", es decir, hayamos construido una identidad ficticia en torno a la meditación y la búsqueda espiritual. Y ahora, de pronto, vemos claramente que se trata de otro engaño más, de otra ilusión más.

A mí me ocurrió mientras caminaba: de repente, vi el propio caminar como caminar, sin más, simplemente un paso tras otro. Hasta entonces había sido una especie de ejercicio, de preparación para la Iluminación. Luego, de golpe, vi toda la futilidad de mi empeño. Jamás, por más que caminase, llegaría a la Iluminación. Jamás ninguna combinación posible de fenómenos produciría la Iluminación. Iluminación, no-iluminación, meditación, se revelaron entonces como meros pensamientos, conceptos con los que había construido mi mundo, una realidad supuesta, llena de afanes y objetivos. Eran parte de mi sueño fenoménico. Perdieron todo su valor, todo su poder sobre mí, toda su capacidad para engancharme, para constituirse como un nuevo anclaje del ego.

¿Qué ocurre entonces? ¿Abandonamos la práctica? ¿Dejamos de meditar? Ésa parecería la consecuencia *lógica*. Si fuéramos consecuentes, dejaríamos, simplemente, de meditar. No obstante, mi propia experiencia resulta de algún modo deliciosamente contradictoria, paradójica e inconsecuente. En realidad, abandonamos el sentido de estar practicando algo, de estar "consiguiendo" la Iluminación, pero no por ello abandonamos la meditación. Ésta, simplemente, se desborda. Se derrama. Abandona sus estrechos confines conceptuales y comienza a empapar nuestra experiencia cotidiana de muchos modos, de muchas maneras, en muchas y muy diversas situaciones y contextos. De modo imprevisible, nos dejamos llenar por las experiencias sin oponernos a ellas, y todo adquiere un sabor más intenso, más pausado, más vivo.

¡Y eso es la auténtica Meditación! Hay que empezar por no-meditar para saber qué es la auténtica meditación, del mismo modo que san Agustín decía que hay que empezar por no amar para saber qué es el amor. La meditación, así, fingiéndose a sí misma en un esfuerzo imposible, se halla por fin a sí misma en el no-esfuerzo. Mas sería engañoso suponer que estas experiencias, esta comprensión, supone el final del viaje. Podemos hacer una afirmación con carácter (casi) universal: el ego es increíblemente persistente. Volverá a surgir, volverá a adueñarse del espectro de la conciencia. En realidad, incluso podemos decir que, simplemente, se ha eclipsado momentáneamente, pero en ningún modo se ha disuelto, ni ha desaparecido. Esas experiencias momentáneas son lo que Ramesh Balsekar, discípulo de Nissargadatta, describe como "atisbos por encima de la valla". Uno "ve" lo que hay al otro lado. Comprende lo que le esclaviza. Es posible que saboree durante algún tiempo su verdadera identidad, pero sigue, no obstante, de este lado de la valla. Y es más: jamás podrá saltarla. Jamás, por más que se esfuerce, podrá ir al otro lado.

Es preciso seguir profundizando.

LA MUERTE (Y LA REENCARNACIÓN)

Volvamos al tema de la muerte, ya que es aquí donde todo se dirime, donde el nudo del ego se ha anudado, con una firmeza que lo lleva mucho más allá de nuestros propósitos, de nuestra voluntad. Volvamos a este tema, pero hagámoslo ahora no desde el intelecto, ni desde la razón que categoriza y analiza lo real, sino desde el espacio interior que ha sido poco a poco revelado, desde la desnudez inmediata de la intuición. Volvamos allí donde se encuentra el mismo miedo que late profundo, escondido en cada uno de nosotros. ¿Podemos dirigirnos a este miedo con un talante nuevo, podemos verlo ahora con una mirada simple? Porque es ahí donde descansa nuestra libertad, ahí, y no en la razón, ni en el pensamiento que repite una y otra vez lo mismo, que se esfuerza una y otra vez sin poder nunca salir del círculo de lo conocido.

Y ahí, en ese espacio interior, observemos nuestro temor a morir, a cesar, a terminar. No es preciso que hagamos cosa alguna, que emprendamos movimiento alguno de huida, o de aceptación, simplemente quedémonos en la contemplación del miedo, en su presencia. Observaremos que la muerte no es nunca ahora, que siempre nos vamos a morir en el futuro, (en un futuro muy lejano, a ser posible, jamás concreto), cuando, pensamos, estaremos "listos" para morir (listos biológicamente, si es que hemos cerrado el ciclo de la existencia). Así que morir nunca es ahora y, lo que es más importante, el morir no nos pertenece, no hacemos un hueco aquí y ahora, en nuestras emociones, para la conciencia de morir. Esto equivaldría a una especie de "suicidio" ontológico, de rendición. Así que la muerte está fuera, expulsada, enajenada.

El ego no incorpora la aceptación de la muerte en sus estructuras (más que como miedo, como rechazo). Esto no es una mera declaración teórica. Es algo que debe ser vivido:

el ego se vive a sí mismo como inmortal, y eso lo hace de diversos modos. Lo hace, sobre todo, proyectándose en el tiempo. Concertando citas consigo mismo en el futuro, trayéndose la imagen de sí mismo desde el pasado. Es decir: trascendiendo la experiencia inmediata, la experiencia del presente y construyéndose sobre la ficción del tiempo. De ese modo, el ego no se vivencia a sí mismo como fenómeno (con un comienzo y un final), sino como el que experimenta los fenómenos. Se separa de ellos, y así, aun siendo fenoménico, se siente distinto, separado, fuera de los fenómenos. No se vivencia como un pensamiento, sino como *el pensador*. De esa manera, el ego trata de aislarse del flujo continuo del cambio, pese a que está incardinado sin remedio en lo fenoménico: en la identidad con el cuerpo, sobre todo. Así que, sin ningún remedio posible, y dada esta contradicción, el ego tiene miedo, *es* miedo. Con el miedo, asustados, simplemente, vamos "tirando". Así es nuestro vivir, un "ir tirando" entre el miedo a la desaparición y la esperanza, la ilusión de postergarlo siempre un paso más allá, siempre un paso más allá.

Mas cuando lo observamos detenidamente y nos encontramos con que *el pensador* también es un fenómeno, puede que todo este entramado se derrumbe estrepitosamente. Contemplamos los fenómenos, la experiencia fenoménica, y entonces descubrimos que *todo* es experiencia y que el ego que es nuestra identidad, que creemos ser, *también* es experiencia, también es un fenómeno pasajero. La consecuencia es que la muerte está aquí y ahora. La muerte está en nosotros, no en el futuro lejano. ¿Qué ocurrirá entonces, cuando la muerte penetre en nosotros, cuando nos veamos yendo, marchándonos siempre, siempre fugaces?

La idea que tenemos del morir es terrorífica. Nuestro concepto de "la nada" nos asusta, y evidentemente nuestra cultura científica ha arrollado los viejos mitos sobre la supervivencia del alma, de manera que sólo unos pocos que son capaces de aferrarse a la vieja fe encuentran algún consuelo. Y, aun así, ellos también tienen miedo a morir, de modo que ni siquiera esa fe es auténtica. Más bien es forzada y artificial: surge del mismo miedo que tienen los demás, y con pensamientos contrarios trata de eludirlo, de evitarlo, pero ese mismo surgir del miedo indica que no es una fe auténtica. No descansa en un conocimiento real del morir, sino en una elaboración más o menos fantasiosa. Lo mismo ocurre con la teoría de la reencarnación. Todo eso son teorías, ideas, pensamientos que el ego ha utilizado en diversos contextos culturales para aliviarse del temor a morir, para concertar nuevas citas consigo mismo en el futuro, en el más allá, en otra existencia, y así tejerse una identidad más amplia, una identidad que trascienda a la muerte y la burle.

Pero el miedo subsiste. El miedo burla todas estas ideas, todas estas teorías. Siempre surgirán las dudas, y éstas indican que se trata de subterfugios, no de un conocimiento verdadero. Así, si queremos un indicador fiable, un "termómetro" infalible que mida la "temperatura" del ego, usemos el miedo a morir. No hay información más completa acerca del ego, no hay mejor síntoma.

Por eso, debemos quedarnos con ese miedo, debemos insistir en él, porque es real, porque es lo que hay, y el miedo nos indica insistentemente algo que hay más allá, algo que lo trasciende. El miedo nos dice que el ego es falso. Así pues, ¿es posible entrar en "diálogo" con ese miedo, sin tratar de escapar de él? Ya no hablamos de la dimensión psicológica y emocional del miedo a morir. Hablamos de su dimensión ontológica. No del juego de reacciones que se desencadenan, sino de su significado más profundo. ¿Qué ocurrirá cuando el miedo sea aceptado? *Eso* que vive más allá del miedo, que *ve* el miedo, tendrá la ocasión de manifestarse, sin que inmediatamente se produzca el repliegue a lo conocido, sin que corramos a refugiarnos en el pensamiento, en la identidad. Veremos que hay un deslizarse hacia lo desconocido, y que ese mismo deslizarse, ese perderse en una inmensidad nueva, es lo que produce temor. Pero si lo vemos, si lo comprendemos, si discernimos claramente el significado de todo eso, y no nos resistimos, se producirá una aceptación, una aceptación completa del morir y, con ella, en ella misma, un abandono, un soltar profundo, una libertad nueva. Y entonces puede tener lugar una inmersión en lo Real, en nuestra verdadera identidad. ¡Y nos quedaremos simplemente asombrados! Lo Real es una Inmensidad para la que no existen palabras. Una Inmensidad en la que todo refulge, vivo, conectado, consciente. Lo que asombra es que *somos* eso. *Siempre* lo hemos sido. *Eso* es muchísimo más Real que cualquier cosa que podamos imaginar en nuestro estado de falsa identidad. Es eterno, perfecto, inmutable. Inmortal. Siempre Presente. Pura Presencia. Y lo somos. Somos *Eso*.[17]

17. Fue hace ya algunos años cuando experimenté por vez primera un atisbo de *Eso* (o de lo que Ken Wilber denomina "un solo sabor"). Lo mejor de todo, por supuesto, es que ocurrió de un modo totalmente fortuito, impremeditado. Si existe alguna explicación, alguna forma de "remitir" la experiencia a algún tipo de causa, sólo se me ocurre una manera de hacerlo: ocurrió porque me *rendí* absoluta e incondicionalmente. Fue una exhalación, un suspiro de absoluto abandono físico, mental y emocional que sobrevino, además (y es preciso repetirlo una y otra vez) de modo impremeditado. Una relajación total me sobrevino. Entonces, de golpe, abandoné (fue abandonada) toda consciencia del cuerpo. Y, a la par, se abrió de golpe la certeza de ser una pura consciencia sin límites, expandida en el espacio, sin forma, sin nombre, sin principio ni fin. Claro que entonces, en el apogeo de *Eso*, no había ninguna descripción, ningún movimiento del pensamiento etiquetando, nombrando, definiendo, explicando. Sólo había una Presencia Absoluta. En el seno de esa Presencia no había ninguna sensación-yo. Ningún recuerdo de mí mismo. Ninguna auto-consciencia. Y esa Presencia estaba "colmada", colmada de fenómenos (luces, sonidos, texturas, temperatura del aire, volúmenes, etc.). Pero no había yo alguno que experimentara todo ese mosaico de percepciones.

Cuando se saborea un atisbo de nuestra verdadera naturaleza, ya nada es igual, aunque uno regrese, por desgracia, a la estrechez del ego, o más bien esta estrechez se apodere otra vez del campo consciente y lo vele de nuevo. *Eso* está ahí. Se experimenta un alivio, un arrobamiento, un enamoramiento distinto, un anhelo. *Queremos* volver, queremos ser lo que somos. Ya no queremos nada más, no existe nada que pueda llenarnos, ningún sucedáneo de felicidad que podamos admitir. Queremos regresar al regazo de lo que somos, y no puede ser de otro modo. La muerte ya no nos asusta.

Ahora vemos que lo que muere es el cuerpo, simplemente. Hemos conocido lo que no muere, y hemos conocido que *eso es lo que somos*. Y eso permanece ahí. De algún modo es como si, tras habernos diagnosticado una enfermedad mortal, nos dijeran que ha habido un error, y que los datos de las pruebas y análisis estaban equivocados. ¡Todo está bien! ¡No nos vamos a morir! ¡Qué alivio! Pues bien: eso es exactamente lo que ocurre: ¡Todo era un error! ¡Un caso de falsa identidad! ¡No nos vamos a morir!

Liberarse del miedo a la muerte, pues, no es posible como resultado de ningún esfuerzo, sino que es en su esencia *el abandono de todo esfuerzo por liberarnos, ya que el esfuerzo es, en sí mismo, tiempo, y el abandono significa una renuncia al tiempo*. Renunciando al tiempo venimos de golpe a la impermanencia, y aunque digo "de golpe" es bien posible que deba ser asimilada con lentitud, desde una primera fase aterradora, pasado por otra depresiva, hasta llegar a una aceptación liberadora (que no debe confundirse con ninguna clase de resignación impotente). Esa aceptación es la quintaesencia de la libertad, de la verdadera libertad, pues en ella se expresa la consciencia del modo más elocuente. En este sentido, aceptación del morir implica descansar en lo que no muere, pues lo que no muere es la consciencia y la consciencia *es* aceptación.

LA DECONSTRUCCIÓN
DEL SUFRIMIENTO

Volvamos al comienzo. Cuando hablábamos de la mente ordinaria, de la mente "que desea" y del sufrimiento. Entonces afirmamos algo que quizás ahora convenga recordar: es nuestra falsa identidad lo que nos lleva al sufrimiento. Es nuestra identidad como egos separados lo que nos lanza a una frenética carrera en pos de lo agradable y en huida de lo desagradable. Pero ahora estamos en condiciones de ver, de comprender, de desengañarnos. Una vez que nuestra falsa identidad se deconstruye, ¿acaba el sufrimiento? Acaban las condiciones que generan el sufrimiento, las condiciones que lo hacen posible. No acaban, por supuesto, las circunstancias vitales desagradables, no acaba el dolor, ni la enfermedad, ni el fracaso o la pérdida, ni la muerte. Pero acaba el resorte íntimo de nuestra reactividad emocional.

Pero quizás ocurre algo más interesante: vemos que el sufrimiento *es* un pensamiento. Algo que también ocurre, sin más, y que empieza a carecer de la dramática importancia que siempre ha tenido. La estructura básica del sufrimiento es, por supuesto, la existencia de un sujeto que sufre. El ego. Y el ego se proyecta en el futuro. De ahí que el sufrimiento sea, en esencia, una proyección mental en el tiempo. Una operación de la mente, un pensamiento según el cual ese sujeto va a experimentar cosas negativas, graves quebrantos y peligros.

Pero al instalarnos en la experiencia presente el sufrimiento psicológico ya no remite a nada. El sujeto amenazado es un pensamiento, nada más. No tiene existencia sustancial. Se desvanece. Y, con él, el sufrimiento, los anhelos, los temores, los deseos. Cuando algo nos duele, por ejemplo, pensamos: «Algo malo me ocurrirá», y ese pensamiento tiene un poder de convicción, una capacidad de generar una respuesta emocional en nuestro organismo con la que nos sentimos involu-crados, identificados. De manera que, en lugar de ver el pen-samiento «Algo malo me ocurrirá», nos identificamos con él, con su significado, con la historia que nos cuenta. Pero si ve-mos el pensamiento como pensamiento, es decir, si lo vemos tal y como es, entonces no existe implicación. Si vemos nues-tra reacción tal y como es, cuando se produce, entonces no nos arrastra, no nos atrapa. Somos seres extrañamente hechi-zados por la semántica, por las historias, por los significados. Conferimos a éstos un poder soberano sobre nuestros organis-mos. Y la salida no es ni luchar contra los pensamientos, ni cambiarlos por otros más positivos, sino tan sólo advertir los hechos tal y como son y discernir el juego de la mente, su po-der ilusionista.

Por lo tanto, podríamos definir el sufrimiento como una especie de "amplificación" egoica de lo doloroso, de lo desa-gradable. El sufrimiento es dolor interpretado. Por supuesto que lo doloroso y lo desagradable es definible en términos puramente fisiológicos, y *explicable* en esos mismos térmi-nos. De esa dimensión de la experiencia no podemos librar-nos, ni tenemos por qué hacerlo: incluso el dolor físico es, en términos biológicos, útil y adaptativo, una señal de alarma del organismo. Es cuando la experiencia del dolor pasa a ser in-terpretada por la mente pensante cuando aparece el sufrimien-to, una especie de meta-dolor, de dolor sobreañadido a la ex-periencia "pura" del dolor, reflejado hacia hipotético futuro (que es el territorio del ego) como amenaza para la propia su-pervivencia. Si eliminamos este meta-nivel del dolor y nos quedamos con el dolor puro, con la experiencia pura del do-lor, ¿qué ocurre? ¿Alguien ha experimentado alguna vez una sensación física desagradable *sin identificarse con ella?* En-tonces la sensación física *no nos afecta.* Afecta al cuerpo, por supuesto, pero nosotros no somos el cuerpo. Y el cuerpo (o mejor dicho, el organismo como un todo) sí reacciona: si, por ejemplo, nos duele la cabeza, simplemente nos tomamos una aspirina. Aliviamos el dolor si éste tiene alivio posible. En caso contrario, simplemente su manera de afectarnos es por completo diferente.

¿Qué ocurre con el dolor emocional? Cuando no nos oponemos a la experiencia dolorosa, cuando la "metabolizamos" (dicho sea en un sentido figurado) por completo, es algo totalmente diferente. Por lo general, el dolor emocional (por ejemplo, el provocado por el desamor, o por la pérdida de un ser querido) es tan intenso y amenazador que nos negamos, literalmente, a experimentarlo. Huimos del dolor con todos los medios a nuestro alcance. Nuestra mente se lanza a una frenética carrera de pensamientos y excusas, de justificaciones y decisiones que tienen el objetivo de acallar el dolor. O bien nos aturdimos con fármacos, con sedantes, con narcóticos. Pero ¿qué ocurre cuando, en lugar de oponernos al dolor nos abrimos a él? ¿Sabemos de veras qué ocurre entonces? ¿Hemos sido capaces alguna vez de *permitir* simplemente que el dolor nos traspase, que se apodere por completo de nuestra experiencia? Incluso la angustia más terrible, el pánico más atroz que podamos imaginar se transfigura milagrosamente en cuanto es aceptado. Aceptado como experiencia viva, directa, real (no por supuesto en ese sucedáneo de la aceptación que es el mero proceso intelectual, la mera racionalización). Cuando dejamos que el cuerpo sea atravesado por el dolor, por el miedo, por la angustia, sin oponernos a su paso, ¿qué ocurre? ¡Observémoslo! ¡Tengamos el valor de observarlo sin oponernos! Entonces esa emoción dolorosísima *pasa*. La dejamos venir y, por lo tanto, también, la dejamos marchar: así de sencillo. La propia sabiduría del cuerpo se hace cargo de las cosas, se hace cargo de su dinámica, que es disolverse en la nada, desaparecer, como todo lo fenoménico. Solamente *por-*

que nos oponemos a ese dolor lo mantenemos con nosotros. Y cuanto más nos oponemos (es decir, cuanto más lo interpretamos como una amenaza), más terrible, más amenazador parece. De manera que el sufrimiento emocional deja, automáticamente, de proyectarse en el tiempo, de ser "amplificado" por el ego, y simplemente desaparece cuando tiene que hacerlo.

LA NO-ILUMINACIÓN ILUMINADA

Estamos llegando al final de este libro, que no es el final de la Búsqueda, sino acaso tan sólo el verdadero principio: el comienzo del no-ego, la identidad iluminada, o quizás mejor habría que decir la no-identidad iluminada, porque, si hay iluminación, no hay ningún sujeto que la ostente, que la disfrute, ni persona alguna que pueda decir: estoy iluminado. Pero el camino que recorre la consciencia hasta regresar por completo a sí misma no termina con la disolución del ego. Éste es su último lastre y, una vez nos hemos desecho de él, tal vez podamos arribar al territorio sin senderos del que habló Krishnamurti. ¿Qué significa esto? Significa que, simplemente, hemos desandado la primera mitad del camino. Se han deshecho los nudos de la psique, los nudos que mantienen atada la "mente ordinaria", la mente egoica, la mente que, según decíamos al principio, "desea". Este desvelamiento, esta disolución, va mostrándonos, como contraparte, en qué consiste nuestra verdadera naturaleza. ¡Sin embargo, más allá del ego todavía hay mucho camino por desandar! No es posible, aquí, entrar en detalles al respecto: aquello de lo que, honestamente, quien esto escribe, puede hablar (por experiencia propia unas veces, por comprensión intelectual, por intuición otras) ya ha sido dicho. Más allá de eso existen, sin duda,

otros nudos, otros sentimientos de identidad igualmente ilu-
sorios, pero mucho más sutiles, mucho más cercanos a la fuente, a lo que los budistas llaman Clara Luz, o *Atman* en la terminología hindú. La realización de esta última identidad es
un camino en el que, por así decir, ya no es posible transitar
desde la sensación-yo.

¿Qué queda entonces de la meditación? Al igual que la
identidad egoica se deshace, también la identidad de la meditación se deshace. Cuando un objeto o una actividad pierde sus
contornos, se expande, pierde sus límites, ¿desaparece? ¿Deja
de existir? ¿O, simplemente, se transforma? No hablemos,
pues, de eso desconocido que le ocurre a la meditación cuando pierde su identidad. Pero hasta este momento quizás de
algo nos haya servido. Meditemos, pues, sea cual sea nuestro
estado, nuestra identidad, nuestra ignorancia. Pues sea lo que
sea lo que nos digan los libros (incluido éste), lo que nos en-
señen los maestros, no sabremos exactamente lo que es la meditación hasta que no meditemos, y no podremos deshacer-
nos de ella hasta que la apuremos del todo. Si algún mensaje,
o mensajes, final ha de tener este libro, si alguna conclusión
hay que darle, que la primera sea ésta: practiquemos hasta que
tal práctica se disuelva. Dejémonos llevar por el error hasta
sus últimas consecuencias, porque solamente así, apurándolo
al máximo, comprenderemos su verdadera naturaleza, nos li-
braremos de él.

De nada vale "leerlo". Hay que *vivirlo*. Si acaso, téngase
presente lo que este libro, humildemente, trata de enseñar:
también la meditación hay que soltarla. No nos enganchemos
a ella, no convirtamos la meditación en una identidad más, en
un disfraz más del ego.

Todo el juego de la búsqueda espiritual se ha revelado, por
fin, inútil, un artificio del ego, una creación fantástica de la
mente. Si lo veis, estupendo. Si no lo veis, estupendo también,

porque eso no cambia en esencia nada. Tu verdadera identidad seguirá siendo la misma, tu naturaleza no se verá alterada por el hecho de verlo o no. De modo que ¿qué importa?

Es esencial aprender a aceptar nuestra ignorancia. La segunda conclusión válida a la que puedo remitir es ésta: aceptación de lo que hay, sea lo que sea. Aceptación del ego, de la separatividad, de la ilusión y de la ignorancia. Incluso del esfuerzo y del tormento interior. *Desde* la perspectiva de lo eterno, si eso es lo que hay, si eso es lo que se manifiesta, está perfectamente bien. Cuando uno comprende que él no es quien hace, que las cosas *ocurren* a través de él, a través de su organismo, deja de resistirse a la experiencia. Toma las riendas un poder superior, Dios si se quiere, e incluso la propia individualidad y sus mentiras, sus fracasos y su sufrimiento son expresión de ese poder divino. Es la iluminación de la no-iluminación, la aceptación de la propia naturaleza, de la propia condición. La cuestión es que ya no se persiguen cambios parciales, ya no se afana uno en alcanzar quimeras. Uno ve el juego de la mente y lo acepta como tal, pero ya no se involucra con él. Ya no tiene el poder mágico de hechizarlo.

Nada ha cambiado. Todo ha cambiado.

Parte II

MÁS ALLÁ
DE LA MEDITACIÓN

UN CAMINO SIN CAMINO

Para que la meditación sea, para que el meditar se dé en toda su plenitud, ya hemos visto que es preciso llevar su falsedad hasta el extremo, y que el esfuerzo de meditar se revele, en la culminación de su inutilidad, como expresión de la inutilidad misma de la vida, que es donde reside toda su belleza y su sentido. Y puesto que meditar nos lleva entonces más allá de nuestros astutos cálculos, allá donde estamos inermes y desprovistos de toda malicia, hablar de lo que hay más allá de la meditación es hablar con toda seguridad de la inutilidad y la belleza de la vida que se rinde a sí misma, y que en su rendición, en su abandono (incluso, sí, a las miserias del dolor y la enfermedad, y del sufrimiento que nos arrastra), encuentra una verdad viva, una verdad en la que vivir con y desde el corazón.

Y, en esa plenitud de vida, en esa delicia del ser que se manifiesta, todo inocencia y novedad incesante, vemos cómo todo el camino recorrido no existía sino como proyección interpretada de la mente, como historia contada hacia el futuro, hasta que, al fin, quizás en un instante, las historias se acabaron por sí mismas y el mismo afán que las movía acabó también por marchitarse. En esta plenitud del momento es posible ver, por tanto, cómo la ficción del esfuerzo creaba o mantenía la ficción del yo que se esforzaba, y de qué manera las historias, y los planes, y el meditar mismo como ejecución de esos planes era en sí mismo ilusión, la ilusión por alcanzar la iluminación en el tiempo.

Todo esto lo hemos visto, y al verlo, al ser visto, ha caído. Y, en el ver, en la visión, encontramos que la verdad se hace palpable, vida desvelada, comprendida por fin en su movimiento incesante. ¿Y era realmente necesario todo ese esfuerzo, todo ese afán? Vemos que la meditación era un esfuerzo planificado, una cadena de desvelamientos que se anclaba en la dualidad más estricta para elevarse sobre ella y contemplar, si era posible, la Unidad. Pero también con sus peligros y sus propias trampas, con su dualidad inherente (meditador/objeto de meditación), que la hacían proclive también al engaño, a convertirse en un nuevo disfraz/identidad del ego. ¿No es, entonces, posible, una visión directa, un camino directo al ser, que no corra el peligro de identificar-nos, de recrear la ficción fundamental, el ego?

He aquí una cuestión proclive a la polémica. ¿Esfuerzo o no esfuerzo? ¿Práctica o no práctica? La cuestión, así planteada, es por supuesto tramposa e imposible de resolver, si no se entiende como cuestión de hecho, es decir, como lo que a cada cual le venga en gana (o le sea necesario) hacer. No es una cuestión teórica, sino vital, existencial. Se medita porque se siente la necesidad, o no se medita porque no se tiene la necesidad de hacerlo. Y aquí, en la estricta necesidad que se siente, o que deja de sentirse, también es posible sugerir ese no-camino del que hablábamos, ese salto directo al ser que resulta imposible de clarificar y de proponer metódicamente, y que solamente podemos caracterizar como (si es posible hablar en estos términos) un señalar insistente, un sacudir que trata de despertar, de espabilar al que duerme.

En realidad, ¿cómo no va a ser posible ese salto directo, esa vía que no recorre camino alguno, si incluso el más enrevesado de los caminos es una pura ficción que indefectiblemente ha de ser abandonada? Si somos lo que somos, no es posible dejar de serlo, o serlo de forma creciente o menguante, o alcanzar a serlo. Y éste es el fundamento que hace posible el meditar, y todos los posibles caminos hacia el ser: que nunca dejamos de ser lo que somos. Pero si nunca dejamos de ser lo que somos, ¿cómo es que no lo conocemos? En realidad sí lo conocemos, cabe decir, pero no re-conocemos que lo conocemos, es decir, ese conocimiento nos resulta disimulado, oculto tras el fingimiento de que somos lo que no somos.

Es, pues, el abandono de nuestro fingimiento lo que permite, siempre, ese re-conocimiento anhelado, que hemos dado por perdido, o por extraño a nosotros. Y la meditación es un abandono del fingir que parte de la supuesta realidad de lo fingido (que somos sujetos que meditan) para al final desvelar su ficción, su mentira. Y como nuestro fingir es muy enrevesado y se encuentra muy arraigado, la meditación también se hace laboriosa y enrevesada, un largo camino que desandamos. Mas, a fin de cuentas, lo que en definitiva ocurre es que el *fingir* se acaba. ¿Y no puede acabar este fingir de muchos otros modos?

La gota y el océano

Veámoslo mediante una metáfora (muy al uso en la literatura sobre la iluminación): la de la gota y el océano. ¿Qué significa en última instancia que practiquemos meditación, que nos esforcemos por alcanzar la Iluminación? ¿Qué ocurre en realidad cuando la gota –nosotros, individuos aislados– recurre a diversos métodos para "volverse" océano? Ocurre que su "oceanidad" ya la reclama, reclama manifestarse, se manifiesta de hecho en lo que la gota, todavía ignorante, piensa que es una "práctica". Cree la gota estar absorbiendo para sí lo inmenso del océano, pero en realidad es el océano el que va absorbiendo a la gota, pese a todas sus resistencias...

Así, la verdad de la práctica meditativa es que en ella reconoce la gota que es ilusoria, que la práctica es inútil, que la práctica es mentira. Pero la práctica ha de manifestarse para que el reconocimiento se dé. La práctica, digámoslo así, es el último recurso de la gota para seguir manteniendo la ilusión de ser una gota y, a la vez, océano, aunque en realidad sea lo oceánico de la gota rompiendo sus límites, mostrando su ilusoriedad. De ahí que en realidad el dilema que a veces se plantean los buscadores (¿buscar o no?, ¿meditar o no?) sea un falso dilema, un dilema a priori teórico, que no tiene en cuenta lo que *en realidad* está ocurriéndole a la gota.

Y es ahí, en "eso" que en realidad le ocurre a la gota, donde se encuentra lo importante, donde es posible dar el salto desde el dualismo (aparente) de la meditación hasta el camino directo: cuando reconocemos que la práctica no es algo que hacemos, sino *algo que nos ocurre pese a todo*, es decir, a pesar del afán, a pesar de los planes, a pesar de lo que esperamos obtener. Cuando reconocemos que la práctica, en suma, trasciende nuestra estrecha visión de lo que es la práctica y comprendemos que la vida entera *es* nuestra práctica.

EL YO Y LA CULPA

Por supuesto, son muchos, prácticamente ilimitados, los modos en los que podemos "abrirnos" al camino directo, o en los que el camino directo puede mostrarse en nosotros. Pero, generalmente, todos tienen un denominador común: el abandono de la presunción de ser un ego que realiza las acciones. Esto a veces adquiere una apariencia paradójica: el yo es una conducta, una pauta, algo que sucede, pero siempre bajo una presunción de responsabilidad de la que no es posible redimirse. El Buda llamó a esa presunción "ignorancia", y en mi fuero interno siempre me pregunté cómo era posible semejante ignorancia, semejante confusión: ¡Hay alguien ahí! ¡Tiene que haber un responsable, un *culpable*!

En realidad, es la típica pregunta que siempre le hacían a Ramana Maharsi o a Nissargadatta: ¿cómo es que se produce el engaño del ego? ¿Cómo es que se cae en la trampa? Pues bien: esa pregunta conlleva la misma presunción de culpabilidad, que es en el fondo orgullo: ¿Como es que YO no me doy cuenta? ¿Cómo es que sigo engañado? ¿Cómo soy tan estúpido?, o, lo que es lo mismo, ¿como puede ser *maya* tan diabólicamente lista y engañarme A MÍ?

En la misma pegunta se refleja el engaño, es decir, la noción de un sujeto engañado. Para Ramana o Maharaj, la ilusión simplemente ocurre, está ahí. No obedece a nada, nadie la sufre. Esto es una resolución del problema bajo el principio disolvente de la simplicidad: la ilusión ocurre, es un fenómeno más, un suceso. Podemos describirlo así: el suceso "ilusión" o "ignorancia" consiste en el pensamiento "hay alguien aquí". El ego consiste en el pensamiento "yo soy esto". La no-iluminación consiste en el pensamiento: "yo no estoy iluminado". No existe, por tanto, un culpable, un responsable de no estar iluminado, ni existe en consecuencia una estrategia que permita a ese hipotético sujeto redimirse de la culpa y –meritoriamente– hacerse digno de la liberación.

EL PRINCIPAL OBSTÁCULO

El principal obstáculo para la Iluminación, pues, no es que usted no la merezca, o que tenga un mal *karma,* y que carezca de la inteligencia necesaria, o de la finura perceptiva precisa. El principal obstáculo es que usted, verdaderamente, *no desea estar iluminado*. En realidad –otra forma de decir lo mismo–, usted ya está iluminado, pero no acepta que lo está, no se lo cree. Usted, por más meditación que practique, no se ilumina porque no cree en ello, no lo acepta. *Se resiste*. Por el contrario, sigue creyendo que es un individuo aislado, con un cuerpo, que la vida es algo que le ocurre, que el mundo está ahí fuera, que un día se va a morir y que eso será terrible. Anhela la iluminación, pero anhela *tenerla, poseerla,* como un objeto más, como un logro especial del que enorgullecerse. También es posible que crea en el espíritu, en la magia, en la oración, en el *karma*, y posiblemente con muchísima fe, pero el hecho de que crea intensamente en todo ello significa (lo siento) que en realidad lo único que de verdad acepta es su ego, su cuerpo, la maldita realidad de esta vida mísera, material, opaca, densa, llena de dolor y sufrimiento. Si de verdad usted aceptara todo eso (Dios, el espíritu...), no le haría falta "creer" en ello. ¡Sería tan evidente para usted que todo el esfuerzo de *creer* le resultaría ridículo! ¿"Cree" usted en su piso, en su coche, en su trabajo, en su vida? ¿Verdad que no? ¡Son tan evidentes! ¿Quién se tomaría la molestia de hacer un esfuerzo de fe para creer en lo evidente? Sin embargo, es precisamente su piso, su coche, su trabajo, su vida lo que de verdad requiere fe. No existen en absoluto, pero para usted son tan evidentes que ni siquiera se plantea su existencia. Y como usted lo ha admitido, como lo admite continuamente, incondicionalmente (se ha entregado por completo a ello), necesita tener fe en todas esas cosas hermosas, maravillosas (la Iluminación, Dios, el espíritu, etc.). No obstante, por desgracia para usted, no consigue creer del todo en ellas, y aquí y allá surgen dudas, preguntas, interrogantes... Esas preguntas y dudas le indican lo que de verdad acepta usted, aquello a lo que no está dispuesto a renunciar. Es ahí a donde debe ir su atención, porque eso es lo verdaderamente crucial. *Su realidad*. Lo que se acepta incondicionalmente, fervorosamente (su vida, su cuerpo) y que se convierte en el trasfondo de lo demás, de lo que busca, de lo que anhela (la Iluminación, Dios...). Debe usted fijarse en ello, en su realidad, en lo que merece todo su amor, todo su cuidado. Véalo.

Ahora plantéese todo lo contrario. *Acepte* que ya está iluminado. Acéptelo como el trasfondo inamovible de todo lo demás (su cuerpo, su vida). Sin más. No imagine nada. ¿Qué significa esto, *aceptar* que ya está iluminado? Significa que no tiene por qué esforzarse, que no tiene que devenir digno de nada, que no tiene que acumular ningún mérito ni cumplir determinada condición: es decir, admitir, de hecho, que la iluminación no es un suceso causal, que no es consecuencia de nada, que no está en el tiempo, y que, por tanto, siempre ha sido. Vea que el tiempo, aquí, no es otra cosa que la opinión que tiene de sí mismo. Luego simplemente actúe en consecuencia.

El presente devaluado

El camino directo plantea siempre, pues, una aceptación de lo que es, de lo que hay, de lo que se manifiesta, sea lo que sea. No obstante, este planteamiento puede inducirnos a error si entendemos que debemos esforzarnos por conseguir la aceptación y eliminar la no-aceptación. ¡La no-aceptación también debe ser aceptada! La ignoracia, el error, la resistencia, la tensión, la ira, *todo* debe ser aceptado. ¿Qué significa, en este contexto, "aceptado"? No significa deseado, ni implica ninguna clase especial de emoción, sino simplemente *plenamente observado*.

Podemos ver el significado de esto a través de una situación muy generalizada. Nosotros, por regla general, hemos decidido que el presente no está a nuestra altura. Tenemos grandes ambiciones para nosotros, abrigamos grandes esperanzas. Así que el humildísimo presente no nos interesa: es, quizás, demasiado banal, demasiado insignificante, cuando no simplemente una molestia continua, una incomodidad permanente.

La altura de nuestras ambiciones se pone de manifiesto en nuestro desprecio del presente. Pero seamos más concretos: en nuestro desprecio de la actividad real y específica que nos traigamos entre manos. ¿Adónde nos va a llevar? ¿Qué nos va a reportar? ¿Cuánto vamos a obtener de esa actividad? Cuanto más esperemos de algo que estamos haciendo, más nos alejaremos del presente, más inflamaremos nuestra fantasía. Más menospreciaremos esa actividad. Podemos, incluso, llegar a odiarla, con lo cual directamente odiamos nuestra vida, nuestro vivir concreto, real.

Ya que no podemos descansar en el hecho real que ocurre ahora, observemos, al menos, nuestro desprecio, nuestro odio al presente, nuestro amor a la fabulosa recompensa que nos aguarda en algún lugar del remoto futuro. ¿Qué *sentimos* al observar esto, al permanecer en ese presente devaluado, menospreciado? ¿No sentimos, acaso, que *nos asfixiamos?*

Generalmente, este sentimiento sordo y continuo de asfixia es nuestra motivación inconsciente para lanzarnos a la práctica espiritual. Pero advirtamos enseguida de qué modo, al actuar así, nos escamoteamos un posible salto, una salida de nuestro laberinto. Pues en realidad estamos tratando de huir, de escapar de la profunda mediocridad de nuestras vidas, de su insoportable verdad.

También entonces, si permanecemos –¡y hace falta coraje para hacerlo!– en la insoportable estrechez del presente devaluado, sin fantasías de escape, sin fabulosas recompensas futuras que nos alivien la carga, es posible que el salto se verifique, y que, siquiera sea por un instante, sea posible que *aceptemos*, verdaderamente, sin falsos acomodos ni subterfugios, lo que hay.

ATMA VICHARA

La autoindagación que proponía Ramana Maharsi (basada en la pregunta ¿quién soy yo?, que como el propio Ramana aclaraba era efectuada por, y referida a, el propio ego) es, en este contexto, otro modo de propiciar un salto cualitativo. Pero su valor no deriva en absoluto del significado literal de la pregunta, sino de la confluencia sujeto/objeto que se pone en marcha a partir de ella.

En primera instancia, es posible dar respuestas parciales a la pregunta, por ejemplo diciendo: «Yo soy fulano de tal, que tiene este empleo, que realiza estas actividades...». Mas las instrucciones de Ramana son muy claras al respecto. ¿Quién se da cuenta de todo esto? ¿Quién se da cuenta de este empleo, de estas actividades? ¡Yo! ¿Y quién soy yo? De manera que, poco a poco, el yo/objeto, o ego, empieza a desaparecer, remitido siempre a un yo/sujeto que es el que lo observa, y que resulta inalcanzable, es decir, imposible de convertir en objeto.

Luego ese yo/objeto que va desapareciendo, es decir, que va mostrando su irrealidad, su inconveniencia como sujeto, va dejando paso a una pura sensación-yo que no se objetiva, que no puede posarse en nada, identificarse con nada, puesto que, a cada intento de crearse una identidad, vuelve la pregunta: ¿Quién se da cuenta de esto? ¿Quién lo ve?

Entonces uno empieza a entender, confusamente al principio, que ese yo buscado es *lo que invariablemente se da cuenta del falso yo*. También empieza a percatarse de que esa sensación-yo imposible de atrapar, de "fijar" sobre un objeto (es decir, de identificar), es pura consciencia, es decir, un continuo darse-cuenta que pulsa instante tras instante. Aquí es posible que el buscador se sienta flotar fuera del cuerpo. Puede ver su cuerpo como un mecanismo que actúa siguiendo sus propias leyes. Y su mente también es un mecanismo, un haz de pensamientos que surgen de la nada, que discurren siguiendo determinadas pautas y que finalmente desaparecen.

Por último, el yo/objeto desaparece, es decir, que los atributos de la subjetividad, por así decir, ya no aparecen entremezclados con los fenómenos, sino exclusivamente vinculados a la consciencia. Entonces ya no hay búsqueda. El buscador y lo buscado se funden en uno, y todo, incluida la propia autoindagación, se revela ilusorio. Y solamente resplandece la consciencia.

LA SENSACIÓN

Todos estos enfoques "directos" (o, más bien, todos estos escenarios donde es posible que se produzca un salto cualitativo de la consciencia) pueden generar un equívoco: el de convertir al ser, nuevamente, en objeto de búsqueda, en referencia, en concepto. Puede que, en consecuencia, se conciba al "ser" como un concepto abstracto sumamente sutil y evanescente, una entelequia casi ininteligible, casi imposible de atrapar, dada su lejanía. Sin embargo, es preciso evitar cuidadosamente este obstáculo-trampa. El ser habita en nosotros. No nos es extraño. No es, para empezar, un concepto filosófico, una momia (como Nietzsche calificaba a los conceptos) conceptual. Vive en nosotros. Para ser*lo*, pues, sólo hace falta que nos vivamos, que habitemos en nosotros mismos. En lo que no puede no-ser de lo que creemos ser, de lo que nos sentimos ser. ¿Qué sentimos que somos? He aquí una gran pregunta. ¿Qué *sentimos* que somos? (No qué pensamos, qué creemos que somos, sino algo más básico, más elemental, más corporal, si es posible decirlo así). Vayamos al sentimiento de ser, pues, y reconozcámonos en él. Encontremos ese sentimiento de ser, esa sensación de existir, y seamos ahí. Es tan sencillo como esto. Ramana Maharsi decía: encuentre el *lugar del cuerpo* donde brota su sensación de ser y permanezca ahí. Otro maestro, cercano a este enfoque (Eckhart Tolle) también preconiza fijar la atención en el "cuerpo energético", en la sensación corporal de ser.[18]

La sensación. He aquí el meollo. Aquí ya no es posible utilizar el pensamiento. Solamente la sensación-de-ser. ¿Y cómo encontramos esa sensación de ser? ¿Dónde la buscamos? Digámoslo sin rodeos, sin preámbulos: lo que busca la sensación de ser *es* la sensación de ser. Vea el lector que *no puede* ser de otro modo. Mas, por la fuerza de la costumbre, es evidente que esa sensación de ser se nos escapará de continuo. En tanto que tratemos de objetivarla, se escapará. No existe, de hecho, más obstáculo que ése: la fuerza del hábito de objetivar, de "fenomenizar" la vida, de proyectar la identidad en "objetos" (el cuerpo, las emociones, las sensaciones). De ahí la apariencia de "trayectoria", de saber o comprensión "progresivos", de avance hacia el ser con que nos encontraremos (y que, de hecho, no es sino una retirada parcial o progresiva de los obstáculos, de las ilusiones).

Las tres patas del ego

En resumen, puede afirmarse que el "usted" del que estamos continuamente hablando tiene un asiento de tres patas: el miedo a la muerte, el desprecio al presente y el ilimitado amor a sí mismo. Miedo, desprecio y amor son, por tanto, la materia prima nutritiva y dinámica de su ego. Su energía básica.

---

18. No nos dejemos engañar, sin embargo, por la sugestión material del término "corporal". Vea, simplemente, a dónde puede llevarle su atención al cuerpo.

Permanezca, pues, ya que no puede hacerlo en la aceptación de la muerte, ni en el humilde presente, ni en el puro sí mismo, lo más cerca que pueda de ellos, es decir, en el miedo, en el desprecio, en el amor. Un paso más allá de ellos, y ya está usted perdido en sus pensamientos continuos, en sus planes, en sus fantasías acerca de usted mismo. Un paso más acá, estaría usted en su propio Ser, donde ya no existe el miedo, donde sólo hay presente, donde el yo deja paso al Yo.

Fundamento

¿Dónde *es* usted? Tenga usted la amabilidad de considerarlo unos instantes. ¿Dónde se manifiesta? ¿Quién es consciente de usted? Considérese a sí mismo: considere su vida, sus intereses, sus proyectos, sus metas, sus ambiciones, sus preocupaciones. Téngase presente, abrácese, saboréese a sí mismo. ¿Cómo es posible esa consideración, ese abrazo, ese sabor a usted? Considere, también, el mundo, *su* mundo. Familia, amigos, trabajo, rutinas, viajes. Y, más allá de *su* mundo, el mundo: el escenario de todo lo demás. El planeta, el cosmos. Y ahora pregúntese: ¿Dónde ocurre todo eso? ¿Dónde aparece? ¿Dónde se manifiesta?

Concéntrese, con todas sus fuerzas, en hallar ése "dónde", que es el fundamento de todo. Pero, por favor, sea en esto tremendamente franco, sencillo y directo. Haga profesión de fe del empirismo más radical, de un escepticismo cartesiano llevado hasta el extremo. No se fíe más que de aquello cuya evidencia le sea imposible poner en duda. Y verá una cosa: todo lo que ocurre le ocurre a *usted*. Ocurre en usted. No puede negar ese denominador común de toda experiencia: la de ser experiencia de una consciencia. Así pues, sea fiel a eso, confíe en eso, en esa consciencia donde todo aparece. Fíelo todo a ella, póngase en sus manos, tal y como Nisargadatta exhortaba a sus discípulos, a sus oyentes. Ése es, por decirlo en palabras del sabio, todo su capital. Así pues, invierta ahí todo su trabajo espiritual.

LA SENSACIÓN DE REALIDAD

¿Cómo sabe usted que esto o lo otro son cosas reales? ¿De dónde procede la certeza de realidad que siempre le acompaña? Esa certeza de realidad tiene un valor inmenso, pero desgraciadamente es mal utilizada. Simplemente, la solemos pasar por alto, solemos ignorarla. Encuentre dicha sensación de realidad, de que lo real es real, y considérela en sí misma, sea consciente de ella. Se llevará una sorpresa, pues lo primero que descubrirá es que las cosas, los objetos, los fenómenos, no llevan por ningún sitio un "marchamo" de realidad, ninguna garantía de ser reales. Es decir, que es posible separar la sensación "real" de "esto o aquello". Esto quiere decir que, de algún modo, el sentido de realidad es previo al mundo, previo a los fenómenos. Podríamos decir, aunque también es inexacto, que el sentido de realidad está en usted y es inexacto porque, como usted mismo descubrirá si insiste lo suficiente, no es que el sentido de la realidad esté en usted, sino que es usted el que está en él. Verá que ese sentido de lo real no está ni fuera ni dentro, y que en realidad es un sentido impersonal de presencia. Encuéntrelo y "more" en él, antes de que se confunda con los objetos, antes de que se vierta en los fenómenos.

IDENTIDAD

Observe un hecho: la identidad se tiene, se posee, mientras que la entidad, lo que se es, simplemente "es". Y esto que parece una distinción sumamente sutil y de rango metafísico (apta tan sólo, por tanto, para intelectos refinados) es en realidad una absoluta perogrullada, una banalidad casi en su misma sencillez, hasta el punto de que apenas si la tomamos en serio. Pues bien: tomémosla en serio unos minutos.

Vea que la identidad es, por naturaleza, definible, contrastable. La identidad nos identifica y, por lo tanto, nos diferencia. Ser esto o lo otro es lo que nos confiere individualidad, historia, valor. Ser, simplemente, nos diluye en el anonimato, nos universaliza. Así considerado, parecería que "ser", a secas, nos devalúa, nos empobrece.

Ahora bien, ¿cómo es que la identidad tiene valor? ¿Por qué es valiosa *su* identidad para *usted*? ¿No es el *mí* lo que la hace especialmente valiosa? Fíjese bien en ello, porque ese "mí" que es el eje de toda identidad ¡no tiene identidad en absoluto! Ese núcleo al que usted adorna con toda clase de trofeos, ¿no es acaso potencialmente adornable con cualquier trofeo, con cualquier identidad? ¿No significa eso precisamente que la identidad es accesoria, móvil, intercambiable?

Y si la fuente del valor de la identidad es lo que no tiene identidad, sino que solamente es "entidad", si eso es, por lo tanto, lo valioso en sí mismo, ¿por qué no ser*lo*, simplemente? Así pues, sea, nada más, aquello que es potencialmente identificable con cualquier cosa.

¡Vaya pues a lo que es, a lo que siempre está ahí, sea eso como quiera llamarlo! Lo Real, el Ser, la Consciencia..., pero sepa siempre que Eso que está en primerísimo plano, esa primera experiencia en la que todo se experimenta, no es nada que pueda usted decir, ni nombrar, y que por tanto tampoco es cosa extraña, ni abstracción inimaginable, sino el calor mismo de su intimidad, el darse cuenta instantáneo de su consciencia, usted en estado puro y primigenio, antes de tener nombre e identidad. Éste es, en esencia, el camino directo, el no-camino que siempre está abierto ante usted, que siempre está disponible, y que por tanto siempre es posible recorrer. ¿Sería muy osado insinuar que ya está usted, como lo estamos todos, inmerso, adentrándose en él?

Apéndice I

BUDA EN LA LIBRERÍA
(Una guía para neófitos)

Aunque desconozco –estadísticamente hablando– el conjunto de motivaciones que impulsa a un ciudadano cualquiera del "próspero" Occidente a enfrentarse a las ásperas rutinas de la meditación (sentada o caminante, externa o interna, en cualquiera de los cientos de variantes que los manuales ofrecen al curioso), creo –sin ninguna falsa modestia– que quizás mi propia experiencia sea, en ciertos aspectos, prototípica. Soy lo que, sin ningún ánimo autocrítico, podría denominarse un "consumista de lo espiritual", alguien que en cierto momento de su vida sucumbió fascinado por las rutilantes promesas del mercado de la autorrealización. Un mercado difuso y caótico hasta cierto punto, en el que se entremezclan, sin ningún criterio de calidad y seriedad, la cábala con los evangelios gnósticos, el zen con la mística sufí, el yoga con el chamanismo, la Vedanta Advaita con la psicología transpersonal y el yoga con la charlatanería pseudocientífica más vulgar y ramplona. Tarot, adivinaciones diversas, todo tipo de terapias fabulosas, *rebirthing*, ángeles y seres celestiales, péndulos mágicos, casas sanas y viajes astrales conviven en las estanterías de las librerías especializadas, o en las secciones temáticas habilitadas en las librerías normales o en los grandes centros comerciales.

Lo abigarrado del panorama genera un incierto ejercicio de toma de decisiones más o menos aleatorias: se elige un poco por azar y un poco por intuición, y obviamente nuestra primera elección decantará a su vez sucesivas elecciones, en un proceso que, si es lo suficientemente serio, irá poco a poco clarificando las cosas. Así pues, quizás no esté de más proporcionar al lector una pequeña guía que le abra paso y le ayude a hacer camino por entre el abigarrado mundo de la bibliografía de lo espiritual.

Claro está que para confeccionar esta pequeña guía no he seguido criterios alfabéticos ni onomásticos, sino otros que, centrados en los posibles intereses de los lectores, sirvan a su vez a un propósito más profundo: el de impulsar la práctica de la meditación en función, por una parte, del posible temperamento del lector y, por otra, de sus querencias más íntimas, es decir, de aquello por lo que se sienta cada cual "llamado", si es oportuno introducir aquí un término con connotaciones tan evidentes.

Así, si usted es una persona racional y teórica, es probable que sus "querencias" en el terreno de lo espiritual no sean las mismas que en el caso de que usted sea muy emocional, o una persona de temperamento pragmático. De manera que esta guía pretende desplegar ante el lector toda una posible gama de elecciones, todas ellas con un denominador común: el de tratarse de obras que, en mi criterio, cumplen con un requisito mínimo de seriedad y calidad.

Y para empezar, y para todos aquellos lectores interesados en los aspectos teóricos, en las cosmovisiones omnicomprensivas capaces de proporcionar un marco inteligible en el que situar la práctica meditativa, quisiera destacar la obra completa de Ken Wilber, editada en España, casi toda ella, por Kairós (a excepción de la monumental trilogía del Kosmos, editada, aunque según creo todavía incompleta, por Gaia).

Quizás, y dada la vastedad de esta obra, yo me quedaría con algunos títulos, en los que el tema de la meditación y de los reinos transpersonales del desarrollo de la consciencia aparecen tratados con mayor meticulosidad: así, considero imprescindibles títulos como *Breve historia de todas las cosas, El ojo del espíritu* y *Ciencia y religión,* en los que la genial capacidad de Wilber para la síntesis es capaz de proporcionar una visión integradora en la que psicología, filosofía, ciencia y espiritualidad dialogan a un nivel de profundidad sin precedentes. *El Proyecto Atman* y *El espectro de la consciencia* ofrecen al lector sus aportaciones quizás más originales en el terreno de la psicología transpersonal: un mapa completo de la consciencia y sus fases de desenvolvimiento evolutivo. Pero Wilber ha efectuado innovadoras incursiones en otros aspectos del saber: la sociología de la religión (*Un dios sociable*), la antropología cultural (*Después del Edén*) o la teoría del conocimiento (*Los tres ojos del conocimiento*). Por último, su *Diario* es una muestra valiosísima de lo que puede ser la práctica cotidiana de la meditación, al menos desde una punto de vista avanzado. Por todo ello, considero a Ken Wilber el guía imprescindible en el territorio de la espiritualidad, al menos a un nivel teórico.

Mas si lo que interesa es un enfoque más pragmático, desligado de los aspectos teóricos, recomiendo comenzar por obras introductorias que ofrecen al lector un abanico de prácticas entre las cuales puede elegir, presentadas con rigor y seriedad y sin connotaciones religiosas de ningún tipo. Así, *Cómo meditar* de Lawrence LeShan responde por completo a esta descripción. También destacaría *Meditación,* de Osho, un autor que, si bien no me inspira una confianza absoluta, sabe explicar con claridad y sencillez las diversas técnicas y métodos de meditación. En las estanterías de las librerías especializadas aparecen continuamente títulos del estilo "Meditación para gente ocupada", o "Meditación para librarse del estrés", etc. Apenas he leído obras de este tipo, cuyo título anuncia el tono y el posible alcance de sus páginas. No pretendo, sin embargo, condenar este tipo de enfoque de la meditación. Antes al contrario: lo recomiendo para quienes desean un acercamiento ligero y sin pretensiones a la práctica meditativa, lo cual no tiene por qué significar forzosamente una adulteración de su espíritu original.

Si lo que se busca es conectar con una tradición meditativa seria, rica y fructífera, lo más adecuado, en mi opinión, es acercarse al budismo *theravada* y *mahayana*. La meditación *vipassana* es la forma primitiva de meditación que enseñó el Buda histórico, y de ahí emergen otras formas de meditación, como el *zazen*, que suponen simplemente un desarrollo algo más elaborado de la misma. Joseph Goldstein y Jack Kornfield son, en mi opinión, dos de los autores que mejor han sistematizado y expuesto la práctica de la meditación *vipassana*. He aquí algunos de sus títulos: *Vipassana*, escrita entre ambos y editada en España por Kairós, *La meditación Vipassana*, de Joseph Goldstein, y *La experiencia del conocimiento intuitivo*, también de Goldstein, ambas publicadas en España por Ediciones Dharma. *Después del éxtasis, la colada*, y *Camino con corazón*, ambas de Jack Kornfield, están publicadas por La Liebre de Marzo, y ambas obras son estupendos ejemplos de que es posible ser ameno y a la vez riguroso.

Si seguimos la senda del budismo y decidimos interesarnos por el budismo zen, recomiendo vivamente los libros (cuatro hasta ahora) que ha publicado el maestro zen español Dokushô Villalba, todos ellos en Miraguano Ediciones. Sus títulos son: *Vida simple, corazón profundo, Fluyendo en el eterno presente, Siempre ahora* y *Riqueza interior*. También recomiendo los seminarios del maestro Dokushô editados en CD acerca de la atención y la experiencia de la muerte. En ellos el maestro sintetiza con maestría la tradición a la que pertenece como monje y los desarrollos de la moderna psicología transpersonal, en especial el modelo de Ken Wilber sobre la conciencia.

Existen, por supuesto, muchos más buenos libros sobre budismo y meditación budista. Libros de autores como Philip Kapleau, D.T. Suzuki, Taisen Deshimaru, K. Sekida, A. Watts o el maestro vietnamita Thich Nhat Hanh, por citar solamente algunos, aportarán, sin duda, claridad y profundidad a todos los que busquen su camino en la tradición zen.

En cuanto al budismo tibetano, Ediciones Dharma es, quizás, la editorial en español con un catálogo más amplio, que incluye desde el *Lam Rim* (una exposición prolija del camino gradual a la liberación) hasta algunas interesantes introducciones al budismo tántrico, para quienes estén interesados en esa vía esotérica y altamente sofisticada. Son, en su mayoría, libros escritos por maestros tibetanos y, pese a ser traducciones de sus versiones inglesas, son bastante fieles y reflejan el fascinante modelo mental y escolástico de la tradición tibetana. Por supuesto, recomiendo, dentro de esta tradición, todo lo referente al proceso del morir y a los sueños.

En cuanto al yoga de los sueños, recomiendo vivamente la lectura del libro de Tenzin Wangyal Rimpoché *El yoga de los sueños* editado por Grijalbo en Chile (y por desgracia, muy difícil de encontrar en España: en mi caso lo tuve que comprar vía Internet a una librería hondureña, creo recordar). También Ediciones Dharma tiene publicado un "yoga de los sueños", esta vez de Namkhai Norbu Rimpoché que, aunque valioso y también muy interesante, es muy inferior en cuanto a rigor expositivo y a sus cualidades didácticas. En cualquier caso, las prácticas tibetanas del yoga de los sueños son muy complejas y sofisticadas, e incluyen elementos que hacen imprescindible el asesoramiento de un buen maestro. Para quienes, a pesar de todo, se sientan inclinados a este tipo de prácticas, el enfoque occidental, basado en la incubación del sueño lúcido, puede ser suficiente. Para ello, recomiendo el libro titulado *El sueño lúcido,* de Consuelo Barea, de Ediciones Océano.

Mención aparte, porque no tratan acerca de la meditación, merecen las siguientes obras, nacidas de una de las más fructíferas sendas que ha emprendido el budismo tibetano en Occidente. Conscientes de la importancia que la ciencia tiene como modelo de conocimiento, como *fuente* de conocimiento, y en un gesto de audacia sin igual en el mundo de las religiones, los representantes de esta milenaria tradición han decidido "confrontar" la sabiduría adquirida a través de generaciones de practicantes y experiencias con los datos de la ciencia acerca de cuestiones como la consciencia, la mente, el sueño y los sueños, la muerte... Fruto de estas conversaciones son los interesantísimos *Mente y conciencia* y *El sueño, los sueños y la muerte,* donde el Dalai Lama dialoga con científicos occidentales, o *El monje y el filósofo* y *El infinito en la palma de la mano,* libros en los que el monje Matthieu Ricard emprende un jugosísimo diálogo con un filósofo, Jean-François Revel (su propio padre) y con un científico, Trinh Xuan Thuan.

El mundo de la espiritualidad con raíces hindúes también está empezando a extenderse entre los buscadores occidentales. En concreto, la Vedanta Advaita, es decir, el enfoque basado en la filosofía de la no-dualidad que hinca sus orígenes en las escrituras védicas. Se trata de un enfoque de la búsqueda espiritual basado, sobre todo, en el conocimiento intuitivo, en el discernimiento o *viveka* como camino. Ha habido en el pasado siglo xx, que yo sepa, dos pilares, dos grandes fuentes de sabiduría y realización, los dos grades sabios hindúes Sri Ramana Maharshi y Nisargadatta Maharaj. Ambos han sido mencionados a lo largo de este libro, y su obra y su pensamiento, recopilado en una serie de textos y diálogos disponibles en castellano, son una impagable fuente de sabiduría. *Yo soy eso*, de Nissargadatta, es ya un clásico que cualquier buscador espiritual debiera leer. Recientemente ha aparecido en castellano *Sé lo que eres*, una presentación ordenada por temas de diálogos con Sri Ramana Maharshi, y es, también, una obra de obligada referencia.

Pero una estupenda introducción a la Vedanta expuesta en un lenguaje "occidental", sin demasiadas adherencias culturales ni referencias esotéricas es el libro de Arnaud Desjardins *Para morir sin miedo*, una recopilación de charlas impartidas por el maestro francés en su Asrham El Bost. Debo confesar que, en mi opinión, éste ha sido uno de los libros más inspiradores y auténticos sobre espiritualidad que nunca he leído.

Las obras de Ramesh Balsekar, que fue durante muchos años discípulo e intérprete de Nisargadatta son una presentación algo más "moderna" de la misma intuición esencial, de la misma sabiduría. Mencionaré, por ejemplo, *Habla la conciencia,* que yo sepa el único título de Ramesh publicado en castellano. Wayne Liquorman se presenta como discípulo de Ramesh y su libro *Aceptación de lo que hay* insiste en el mismo formato dialogado y en la misma esencia.

Para terminar, no quisiera dejar de mencionar dos autores de habla hispana, española una, colombiano otro, que presentan, en dos estilos muy distintos, la misma sabiduría atemporal: me refiero a Consuelo Martín y a Sesha. Consuelo Martín es una estudiosa de la tradición Advaita que ha traducido y comentado en español algunos de las grandes *Upanishads*. También organiza numerosos seminarios en los que la búsqueda del silencio mental en el que brote la contemplación es el objetivo común. Dirige una publicación semestral, *Viveka,* que presenta en español artículos de Nisargadatta, Krishnamurti, etc. junto con otros de cosecha propia. Ha escrito libros como

La revolución del silencio, en los que, con su estilo poético y sugerente es capaz de despertar en la mente del lector una poderosa evocación del silencio como condición para la manifestación del ser interior.

Sesha escribe y también imparte seminarios prácticos de meditación *advaita*. Sus libros son más filosóficos y abstractos, a veces difíciles de seguir, aunque profundísimos y evocadores. En la tradición más clásica de la Vedanta, Sesha clarifica y explica dicha tradición, la pone al día y, basádose en una profunda realización personal, también es capaz de llevar a la mente del lector hasta el límite último, al borde de un salto cualitativo que se intuye a la vez sencillo y radical. *La paradoja divina, Campos de cognición* y *Vedanta Advaita* son algunos de sus títulos, y representan una renovación viva y profunda de esta tradición.

Fuera ya de escuelas y tradiciones, aunque con elementos comunes a todas ellas, se encuentra la figura de Krishnamurti. No quisiera, por supuesto, cerrar esta pequeña guía sin mencionar al menos su nombre, referencia también "obligatoria" para cualquier buscador serio. Su obra ha sido divulgada en castellano y se encuentra en todas las librerías especializadas. Cualquiera de sus títulos es perfectamente válido. Krishnamurti habló durante toda su vida de lo mismo: la necesidad de abandonar el pensamiento y abrazar una revolución interior más allá del ego.

EL ARTE DE MEDITAR

¿Por qué "el arte" de meditar? ¿Por qué no –también, o inde-pendientemente– "la técnica", o "el método", o "el cultivo" de la meditación? Porque, si bien todas esas formas de consi-derar la meditación –como técnica, como método, como cul-tivo de– son perfectamente válidas, quizás ninguna de ellas sintetice en esencia con más profundidad lo que es meditar como la consideración de la meditación como "arte". Hay, en efecto, algo de artístico en la meditación, en un sentido pecu-liar: hay algo de único, de inesperado, de sorprendente, en cada tipo de meditación, en cada sesión concreta, en cada me-ditador individual. Y, sobre todo, hay algo *creativo* en la meditación.

Pero hablar de la meditación como una tarea "artística" exige una aclaración. Porque lo artístico de la meditación no está en el resultado, en el objeto –inasible, evanescente, fugaz y, por ende, tan subjetivo e individual que no puede ser con-templado por nadie ajeno al propio meditador–, sino en *el proceso* mismo de meditar. Y es aquí, en el proceso, en cada sentada única y diferente, pero conectada con todas las de-más, con todas las técnicas y tradiciones, donde se produce el milagro creador. Porque la meditación se crea a sí misma continuamente –¡en la misma medida en la que se destruye!– y el meditador, por consiguiente, envuelto en esa tensión creadora/destructora también se crea y se destruye –en un sentido no estrictamente literal– a sí mismo.

La consciencia es energía. Energía creadora. En un sentido ontológico profundo, *todo* es consciencia. En un sentido psicológico y pragmático, nuestra psique, nuestra mente, nuestra consciencia –la que experimentamos como algo individual, separado, egoico– *también* es energía. Meditar es, en ese sentido, encontrarnos con esa energía y vérnoslas con ella, ver qué tiene que enseñarnos, descubrir a dónde puede llevarnos la energía creadora de la consciencia. De manera que la meditación, que es un encuentro con la consciencia, con la energía de la consciencia, tiene *siempre,* inevitablemente, un elemento de sorpresa, un algo inesperado que sale a nuestro encuentro, un formato de *descubrimiento.* Por lo tanto, en la meditación acontece lo nuevo. Y en ese acontecer siempre renovado de lo nuevo, debemos forjar nuestro meditar, que no puede convertirse, así, en una mera rutina, en un mero repetir una y otra vez lo consabido. Nos embarcamos en cada sesión con el recuerdo de las sesiones anteriores, con la experiencia adquirida a lo largo de años, pero siempre dispuestos a experimentar lo nuevo, lo desconocido.

La meditación, al menos en mi caso así ha sido, avanza a saltos. Saltos cuánticos, por así decir, o sea, transformaciones repentinas del escenario de la mente en las que se van revelando los aspectos que quizás conocíamos sólo teóricamente, pero ahora con el inconfundible sabor de la vivencia, de la intuición directa. Así pues, ha de darse en la meditación una especie de baile de salón con "cambio de pareja". Uno tiene que entregarse a cada fase, a cada etapa, a cada momento de la meditación como si fuera el amor de su vida, la pareja de su vida. Mas cuando emerge un nuevo giro copernicano, debemos estar dispuestos a abandonar a nuestra pareja de baile para abrazarnos a otra, distinta pero que, en cierto modo, contiene a la otra. Así, el arte de meditar es el arte de crear las condiciones para que emerja lo nuevo, explorando lo conocido hasta que, de repente, surja lo desconocido. Uno puede estar meses sentándose a meditar, o meditando al caminar, y puede adquirir una gran destreza en su técnica de meditación. Puede lograr una gran paz, una gran concentración, y sentirse muy cómodo, muy confortable en esa dimensión de su mente, y luego, de repente, todo eso puede venirse abajo. Una visión repentina, la comprensión súbita de algo, una experiencia nueva y poderosa, pueden venir y exigirnos, quizás a nuestro pesar, que nos entreguemos por completo. De esa manera, el camino va descubriéndose y descubriéndonos, mostrándonos revueltas inesperadas, escenarios que no estaban planeados. Eso puede incluir cambios en nuestras técnicas, incluso en la tradición que hayamos decidido abrazar. Estos cambios pueden ser muy fructíferos, pero no deben ser caprichosos, sino responder a una llamada genuina, a una necesidad ineludible. Resulta muy atractivo para la mente la idea de abrazar una *sadhana* concreta para "toda la vida", sentir que hemos encontrado nuestro camino, la respuesta a lo que buscábamos, y por eso puede ser duro y desconcertante descubrir que ahora nos sentimos llamados por otra tradición, por otra escuela, por otro maestro. Pero quizás ahí lo realmente importante sea nuestra capacidad para soltar y dejarnos llevar, lo cual no hay que confundir con una actitud frívola y superficial, que se deslumbra fácilmente ante lo espectacular, pero se desencanta con rapidez ante las exigencias prácticas de cada escuela.

El arte de meditar, con ser en sus aspectos concretos único, diferente para cada individuo, tiene mucho de descubrimiento compartido. ¡El paisaje de la consciencia es el mismo para todos, aunque sea posible asomarse a él desde infinidad de perspectivas! Por eso un buen maestro es –debe ser– una ayuda inestimable, así como la oportunidad de compartir el camino con otros buscadores sinceros. Los consejos de quienes tienen más experiencia no deben ser menospreciados. Los ánimos de quienes sufren las mismas penalidades tienen un valor precioso en las horas bajas.

¿Existe algún principio, alguna "técnica", alguna actitud concreta que podamos destacar, con carácter universal, respecto a la meditación? ¿Algún consejo básico que puede servir de ayuda a todos, a *cualquier* meditador? Aparte de lo ya dicho, lo cual tiene más bien un carácter general, sí existe, a mi juicio, un consejo concreto, práctico, pero que puede usarse como *criterio* general, como una especie de ayuda universal y guía en la práctica de la meditación. Dicho principio es lo que podríamos denominar "vía intermedia" o, parafraseando a Aristóteles, el hecho de que, en la meditación como en la vida, "la virtud está en el medio". Es, por supuesto, algo que cualquier conocedor del budismo sabe y comparte, una de las primeras enseñanzas del Buda respecto a la vía espiritual como un "camino del medio". En la meditación este principio podría concretarse de una forma positiva más que como un mero "huir de los excesos". Quizás la mejor forma de hacerlo sería acuñando una expresión sui géneris. Lo que cuenta en la meditación es una actitud de *concentración relajada* o, lo que es lo mismo, pero desde el lado opuesto, de *relajación concentrada*. La mejor manera de resumir qué es la meditación es ésta: *meditar es estar relajadamente atentos a lo que nos ocurre*. Tal es "el punto" que conviene explorar, la clave del dinamismo interno en el que se desencadena la experiencia meditativa. Desde la primera sesión del novato hasta las experiencias más "avanzadas" de meditación, la puerta de entrada a la meditación, al conocimiento intuitivo de la realidad, es la concentración relajada en la experiencia presente. He usado, indistintamente, "concentración" y "atención", pero no son términos sinónimos. Son, en este contexto, intercambiables, pero cada uno ofrece matices distintos que conviene no perder de vista. La concentración alude a la intensidad "focal" de la atención, por decirlo de algún modo, es decir, a su enfoque centrado, *con*centrado. "Atención" alude a la presencia de una consciencia lúcida, de un percatarse, mas no en la forma típicamente distraída, ni "pensando" lo que nos ocurre, sino más bien como una especie de consciencia "sensorial" de lo que hay. Por eso muchas veces uso expresiones como "saborear" la verdad o "palpar" los hechos: porque en esa forma de atención se verifica sobre todo una presencia de los sentidos, una presencia sensorial. Cuando hablo de "vivir el presente" con personas ajenas al mundo de la meditación, parecen entender que me refiero a un vivir la situación presente en sentido genérico (por ejemplo, acepto mi trabajo, a mi mujer con sus defectos, a mis hijos, etc.). Y no es eso. Vivir el presente en este contexto es algo mucho más radical: se refiere a vivenciar la experiencia del presente a través de los sentidos tal y como es dada. Punto.

Pues bien: conectemos nuestra atención a los sentidos y desconectémosla de los pensamientos. Ésa es la clave de la atención meditativa. Si "desenchufamos" nuestra atención de los pensamientos, éstos no desaparecerán, claro, pero perderán todo su mágico poder de sugestión.

En cuanto al otro polo de la expresión, la "relajación", si bien conlleva un cortejo de sensaciones puramente físicas que podríamos describir, en conjunto, como un "sentirse bien en tus propios contornos", o como una sensación corporal de estar a gusto tal y como se está, se trata sobre todo de una cualidad de la atención que la acerca exactamente a ese estado de no-esfuerzo o de presencia espontánea a la que me he referido a lo largo del libro. En este contexto, la relajación es "casi" un estado de ánimo, un tono emocional que podríamos describir, sin ninguna clase de cursilería, como de autoternura, un sentimiento de cariño y agrado difusamente vertido hacia lo que aparece en el campo de consciencia (generalmente, pensamientos, emociones, sensaciones corporales). La consciencia, atenta a lo que ocurre, tiende invariablemente a enzarzarse en una madeja de pensamientos reactivos, y la mejor manera de desactivar esa reactividad consiste en no involucrarse con lo que surge. Paradójicamente esto *no* implica una frialdad del ánimo, sino todo lo contrario: un sentimiento de cálido humor hacia lo que acontece. Ésa es la "distancia" perfecta desde la que observar sin implicarse. De este modo estaremos generando una cierta espaciosidad interna, un silencio mental en el cual instalar nuestra meditación, en el cual seremos conscientes de los pensamientos como burbujas que brotan de lo profundo y se pierden en la inmensidad.

Otro aspecto esencial del "arte de meditar" es el referido a la "técnica" concreta elegida. ¿Meditación sentada o caminante? ¿Elegiremos la respiración o el cuerpo como objeto de atención? ¿O tal vez objetos externos? También aquí es el propio meditar, la propia experiencia la que va decantando un "querer", una sintonía profunda. Porque lo importante, y esto debemos tenerlo muy claro, no es el objeto elegido, ni el entorno, ni las rutinas que favorecen nuestra concentración, sino precisamente el modo en que lo técnico queda convertido en una mera nota a pie de página, en algo casi anecdótico en nuestra práctica. Puesto que la meditación va al encuentro del denominador común de toda experiencia, lo que debemos encontrar es, entonces, una experiencia fenoménica, un "tema" de meditación que facilite en lugar de complicar ese deslizamiento hacia la consciencia pura. Ahora bien, esto implica un riesgo: el de confundir la "fascinación" con la meditación. Quiero decir que lo muy agradable, lo muy fascinante y encantador como objeto de meditación puede resultar contraproducente. Si elegimos un objeto externo, elijamos uno que sea *neutral*. Es decir, cuyas connotaciones emocionales y estéticas sean mínimas. Y una vez elegido el objeto y la técnica, seamos pacientes. Si decidimos caminar y experimentar el "caminar" como objeto de meditación, exploremos ese tema el tiempo suficiente como para estar seguros de que nos lleva a alguna parte, o no.

En general, sin embargo, lo corriente es que elijamos "escuelas", "tradiciones" o maestros antes que "objetos" o "técnicas", y por consiguiente una elección conlleva automáticamente la otra. Si elegimos el zen, por ejemplo, estaremos ya decantándonos por el *zazen,* la meditación sentada, y la respiración como objeto. Además, lo que encontraremos serán libros sobre *zazen*, más que libros sobre la "meditación en la respiración", maestros zen y escuelas, templos o seminarios zen. Pero también es posible comenzar a meditar por la meditación en sí, sin encuadrar esta práctica en ningún marco religioso o filosófico concreto, y entonces sí tiene relevancia la cuestión planteada.

Pero esta cuestión lleva a otra: ¿es necesario –y hasta qué punto, y a partir de qué momento– un maestro de meditación? Todos los libros que he leído responden un "sí" rotundo y sin paliativos a esta cuestión. Mi experiencia me dice que pueden evitarse muchas pérdidas de tiempo y problemas si contamos con la ayuda, la guía y la amistad de un buen maestro de meditación y, pese a eso, jamás he meditado bajo la dirección de un maestro. Con eso lo que quiero decir es que, como en todo, quizás también en esta cuestión podamos ser relativamente flexibles. La presencia de un maestro es sin duda necesaria en los niveles más avanzados de la práctica, pero acaso no lo sea en los niveles iniciales. Un buen libro puede resultar, al respecto, mucho más esclarecedor y motivante que un maestro mediocre, pero la cuestión no es ésa, obviamente, sino más bien la de cómo encontrar tanto un buen maestro como un buen libro, pues ambas cosas no tienen por qué resultar contradictorias. En resumen: quien tenga la oportunidad de meditar bajo la guía de un buen maestro que no dude en hacerlo. Y si la presencia del maestro es imposible por razones de cualquier índole, tampoco hay por qué arredrarse: es posible comenzar a meditar sin un maestro y aprender tanto de la propia experiencia como de los consejos y directrices de un buen libro. En general, podemos decir que la propia situación generará preguntas y demandará respuestas que estén a su altura. Si la inquietud es grande, la búsqueda del maestro acabará por resolverse. Y, en todo caso, si "el karma" de uno es meditar en soledad, también esto debe ser aceptado.

De lo dicho se desprende, obviamente, que tampoco he participado jamás en retiros de meditación. Y es otra de las cuestiones a las que un montón de autores que considero solventes (comenzando por Ken Wilber) hacen referencia: a la necesidad de recluirse, aislarse y meditar intensivamente. Puesto que jamás he participado en un retiro, no puedo dar fe de esa recomendación, aunque, por supuesto, tampoco la pongo en duda. Mi práctica ha estado, por consiguiente, siempre inmersa en lo que podríamos definir como un "medio ambiente" bastante refractario a la meditación. Tanto por circunstancias personales como laborales, me he visto obligado a acomodar mis períodos de práctica a situaciones poco habituales, poco propicias para la "calma mental". ¿Es eso un obstáculo? Tal vez sí. Es evidente que un período de meditación intensiva puede proporcionar una enorme "aceleración" a nuestras experiencias meditativas. Pero quizás el practicar a contracorriente pueda precisamente hacer que nuestra práctica esté más "curtida", por así decir, y se vuelva más sólida y valiosa. Además, el practicar aprovechando todos los resquicios y todas las situaciones posibles nos enfrenta de un modo más crudo y directo a los vaivenes de la mente, por lo que nuestra experiencia tiene el valor añadido del realismo. En suma: no hay por qué menospreciar una forma de práctica cuyo valor emerge, precisamente, de la dificultad y de la necesidad de afianzarse en los momentos de la vida cotidiana, y no en un estupendo pero artificioso ambiente de extremada paz. De ahí que, quizás, lo recomendable sea alternar ambas modalidades, un contraste sin duda enriquecedor y valioso, pero en absoluto cabe menospreciar una práctica capaz de adaptarse a circunstancias adversas. Todo lo contrario.

En resumen: el arte de meditar exige y proporciona flexibilidad, apertura, generosidad en el esfuerzo y adaptabilidad. Todas estas cualidades son sinérgicas: se refuerzan mutuamente, favorecen nuestro meditar y se nutren de la práctica en un ciclo de realimentación positiva. Meditar aclara nuestra mente y, a un tiempo, la acalla, calma sus vaivenes. Nos fortalece ante los dolores de la vida y demanda de nosotros un compromiso de atención a la experiencia, de firmeza y flexibilidad, de paciencia y ternura. Incluso en los niveles más elementales de la práctica, nos descansa maravillosamente y nos permite recargar nuestras energías, y todo esto por referirnos tan sólo a los aspectos fisiológicos de la práctica. Lo otro, lo profundo, lo ontológico, es algo que compete al lector, si es que desea embarcarse en semejante aventura, descubrir.